Arbeitsverträge

Prüfen, verhandeln, nachbessern

Waltraud Müller

Verlag

Die Deutsche Bibliothek – CIP-Einheitsaufnahme

Müller, Waltraud:
Arbeitsverträge: prüfen, verhandeln, nachbessern / Waltraud Müller.
– Planegg : STS-Verl., 2000
  (STS-TaschenGuides)
  ISBN 3-86027-265-9

ISBN 3-86027-265-9
Bestell-Nr. 00857-0001

© 2000, STS Verlag, ein Unternehmen der Haufe Verlagsgruppe
Postanschrift: Postfach 13 63, 82142 Planegg
Hausanschrift: Fraunhoferstraße 5, 82152 Planegg
Fon (0 89) 8 95 17-2 00, Fax (0 89) 8 95 17-2 50
E-Mail: online@haufe.de, Internet: http://haufe.de, http://www.taschenguide.de
Lektorat: Jutta Cram, Dr. Ilonka Kunow

Satz: Sylvia Weiß, 81476 München
Umschlaggestaltung: Agentur Buttgereit & Heidenreich, 45721 Haltern am See
Druck: J. P. Himmer GmbH & Co. KG, 86167 Augsburg

TaschenGuides – alles was Sie wissen müssen

Für alle, die wenig Zeit haben und erfahren wollen, worauf es ankommt. Für Einsteiger und Profis, die ihre Kenntnisse rasch auffrischen wollen.

Sie sparen Zeit und können das Wissen effizient umsetzen:

Kompetente Autoren erklären jedes Thema aktuell, leicht verständlich und praxisnah.

In der Gliederung finden Sie die wichtigsten Fragen und Probleme aus der Praxis.

Das übersichtliche Layout ermöglicht es Ihnen sich rasch zu orientieren.

Anleitungen „Schritt für Schritt", Checklisten und hilfreiche Tipps bieten Ihnen das nötige Werkzeug für Ihre Arbeit.

Als Schnelleinstieg die geeignete Arbeitsbasis für Gruppen in Organisationen und Betrieben.

Wir freuen uns auf Ihre Anregungen.
Ihr STS Verlag.
Fraunhoferstraße 5 – 82152 Planegg
Fon 0 89 / 8 95 17-2 22
Fax 0 89 / 8 95 17-2 90

Inhalt

Vorwort

Sind Sie im Begriff eine neue Arbeitsstelle anzutreten, haben Sie Differenzen mit Ihrem Chef oder gehören Sie zu den Glücklichen, die völlig zufrieden ihrer Arbeit nachgehen? Zu welcher Gruppe Sie sich auch zählen, das Thema Arbeitsvertrag ist für Sie relevant. Im Arbeitsvertrag werden Ihre Rechte und Pflichten als Arbeitnehmer maßgeblich bestimmt. Und je vorteilhafter Ihr Vertrag ist, desto besser können Sie Ihre Interessen wahren.

Dieser TaschenGuide zeigt Ihnen, was Sie bei Abschluss eines neuen Arbeitsvertrags beachten und welche Fallen Sie vermeiden müssen. Sie erfahren, welche Klauseln günstig und welche ungünstig für Sie sind. Darüber hinaus bekommen Sie Richtlinien an die Hand, wie Sie Ihren bestehenden Arbeitsvertrag überprüfen können. Sie gewinnen Klarheit darüber, welche Rechte Ihnen zustehen, und Sie lernen Wege kennen nachträgliche Verbesserungen zu erreichen und dadurch Nachteile zu vermeiden. Schließlich erfahren Sie, welche Möglichkeiten Ihnen offen stehen, um in typischen Konfliktsituationen Ihre Rechte durchzusetzen. Beispiele, Checklisten und Muster, in denen Sie ungünstige Klauseln am Kursivsatz sofort erkennen können, bieten Ihnen außerdem wertvolle Hilfe auf Ihrem Weg zum optimalen Arbeitsvertrag.

Rechtsanwältin Waltraud Müller

DER ARBEITSVERTRAG – GARANT FÜR IHRE INTERESSEN

Was Sie mit einem guten
Arbeitsvertrag erreichen können

Was ist möglich, was sinnvoll?

Fehler, die Sie vermeiden sollten

Was Sie mit einem guten Arbeitsvertrag erreichen können

Haben Sie zu Beginn Ihres Arbeitsverhältnisses den vorgelegten Arbeitsvertrag einfach unterschrieben, abgeheftet und dann vergessen?

Plötzlich tritt eine Situation ein, mit der Sie nicht gerechnet haben. Ihr Arbeitgeber weist Ihnen eine Tätigkeit zu, die nicht von der Stellenbeschreibung in Ihrem Arbeitsvertrag umfasst ist. Oder es kommt zu Meinungsverschiedenheiten darüber, wie viel Urlaub Sie beanspruchen können.

Spätestens jetzt müssen Sie sich mit dem Inhalt Ihres Arbeitsvertrags vertraut machen. Von ihm hängt es nämlich ab, ob die Differenzen in Ihrem Sinne beigelegt werden können.

Es könnte zum Beispiel sein, dass Ihr Arbeitsvertrag neben der Stellenbeschreibung eine Regelung enthält, die Ihren Arbeitgeber berechtigt, Ihnen eine andere Arbeit zuzuweisen, sofern sie Ihnen zumutbar ist. In einem solchen Fall haben Sie kaum eine Möglichkeit, sich mit Erfolg gegen die angeordnete Änderung zu wehren – es sei denn, sie wäre wirklich nicht zumutbar.

Beispiel: Änderung der Tätigkeit

So ist es Ihnen in der Regel nicht zuzumuten, eine geringerwertigere Tätigkeit als bisher auszuüben, auch wenn Ihr Gehalt in gleicher Höhe weitergezahlt wird. Eine erhebliche Verkleinerung des bisherigen Aufgaben- und Verantwortungsbereichs und die damit verbundene Minderung des Ansehens müssen Sie nicht hinnehmen. Zumutbar wäre jedoch, eine vergleichbare Tätigkeit in einer anderen Abteilung zu übernehmen.

Findet sich in Ihrem Arbeitsvertrag von vornherein jedoch keine entsprechende Vereinbarung, ist Ihr Arbeitgeber nicht berechtigt, Ihnen eine andere Tätigkeit zuzuweisen.

Hinsichtlich der Frage, wie viele Urlaubstage Ihnen zustehen, ist von entscheidender Bedeutung, ob im Arbeitsvertrag von Arbeitstagen oder von Werktagen die Rede ist.

> ■ Werktage sind grundsätzlich alle Tage außer Sonn- und Feiertagen. So zählt beispielsweise auch der Samstag als Werktag. Arbeitstage hingegen sind nur solche Tage, an denen Sie üblicherweise zur Arbeit erscheinen müssen, in der Regel also Montag bis Freitag. ■

Diese Beispiele verdeutlichen, dass bei Abschluss des Arbeitsvertrags die Weichen für die Ausgestaltung Ihres Arbeitsverhältnisses gestellt werden und Sie bereits dort Ihre Interessen im Auge haben müssen.

Aber auch wenn Sie bei Abschluss des Arbeitsvertrags keine Möglichkeit hatten auf dessen Inhalt Einfluss zu nehmen, ist es zur Wahrung Ihrer Interessen unbedingt erforderlich, dass Sie ihn gut kennen. Nur dann können Sie auf unberechtigte Weisungen oder sonstige Vertragsverletzungen Ihres Arbeitgebers unter Hinweis auf Ihren Arbeitsvertrag sofort reagieren und so Nachteile für sich vermeiden.

Ein guter Arbeitsvertrag sollte klare Regelungen enthalten und selbstverständlich nicht nur die Interessen Ihres Arbeitgebers, sondern auch Ihre Interessen angemessen berücksichtigen. Er bewirkt dann, dass Differenzen und die damit oft verbundene Verschlechterung des Arbeitsklimas gar nicht erst entstehen.

Was ist möglich, was sinnvoll?

Grundsätzlich können in einem Arbeitsvertrag alle Punkte geregelt werden, die im Zusammenhang mit dem Arbeitsverhältnis stehen. In der Praxis ist es jedoch nicht möglich, über jede erdenkliche Situation eine vertragliche Vereinbarung zu treffen. Daher werden im Arbeitsvertrag üblicherweise nur die wesentlichen Rechte und Pflichten des Arbeitnehmers und des Arbeitgebers sowie weitere Punkte geregelt, die den Vertragsparteien wichtig sind.

Nicht alles ist erlaubt

Arbeitsrechtliche Gesetze zu Ihrem Schutz

Zu beachten ist jedoch, dass der Inhalt der Regelungen im Arbeitsvertrag Beschränkungen unterliegt. Im Arbeitsvertrag getroffene Vereinbarungen dürfen beispielsweise nicht gegen gesetzliche Bestimmungen verstoßen, die Ihrem Schutz als Arbeitnehmer dienen.

Beispiel: Unwirksame Urlaubsregelung
Ist in Ihrem Arbeitsvertrag vereinbart, dass Ihnen 14 Werktage Urlaub im Jahr zustehen, verstößt diese Regelung gegen das Bundesurlaubsgesetz, das zwingend einen Mindesturlaub von 24 Werktagen vorschreibt. Die im Arbeitsvertrag getroffene Urlaubsvereinbarung ist damit unwirksam und wird durch die gesetzliche Urlaubsdauer ersetzt.

Es gibt eine Vielzahl solcher arbeitsrechtlicher Gesetze, die dem Schutz der Arbeitnehmer dienen, insbesondere

- das Arbeitsplatzschutzgesetz,
- das Arbeitszeitgesetz,

- das Bundesurlaubsgesetz,
- das Entgeltfortzahlungsgesetz,
- das Mutterschutzgesetz und
- das Schwerbehindertengesetz.

Der Inhalt dieser Gesetze ist zwingend. Die dortigen Regelungen gelten also auch dann, wenn sich keine entsprechende Vereinbarung in Ihrem Arbeitsvertrag findet.

Enthält Ihr Arbeitsvertrag Regelungen, die nicht mit der Gesetzesvorgabe übereinstimmen, so wird grundsätzlich zu Ihren Gunsten entschieden.

> ■ Enthält Ihr Arbeitsvertrag eine Klausel, die zu Ihrem Nachteil von der zwingenden gesetzlichen Regelung abweicht, so ist diese unwirksam. Es gilt die gesetzliche Vorgabe. Weicht Ihr Arbeitsvertrag jedoch von der gesetzlichen Regelung zu Ihren Gunsten ab, ist diese Vereinbarung wirksam und für Ihren Arbeitgeber verbindlich. ■

Tarifverträge nicht immer anwendbar

Auch Tarifverträge können Ihr Arbeitsverhältnis gestalten. Es ist allerdings ein weit verbreiteter Irrglaube, dass ein Tarifvertrag grundsätzlich für alle Arbeitsverhältnisse der entsprechenden Branche gilt. Dies ist nur dann der Fall, wenn der Tarifvertrag für allgemeinverbindlich erklärt wurde. Ansonsten ist der Tarifvertrag nur bindend, wenn sowohl Sie als auch Ihr Arbeitgeber tarifgebunden sind.

> ■ Tarifgebunden sind Sie als Arbeitnehmer, wenn Sie Mitglied der für Sie zuständigen Gewerkschaft sind. Ihr Arbeitgeber ist tarifgebunden, wenn er dem entsprechenden Arbeitgeberverband angehört. ■

Sind Sie also Mitglied der entsprechenden Gewerkschaft und hat sich Ihr Arbeitgeber dem Arbeitgeberverband angeschlossen, muss der Tarifvertrag auf Ihr Arbeitsverhältnis angewendet werden. Auch hier gilt wieder, dass in Ihrem Arbeitsvertrag von den tariflichen Regelungen nur dann zu Ihren Ungunsten abgewichen werden darf, wenn die Abweichung im Tarifvertrag ausdrücklich gestattet wurde. Abweichungen vom Tarifvertrag zu Ihren Gunsten sind demgegenüber ohne weiteres zulässig.

Sind Sie kein Gewerkschaftsmitglied oder ist Ihr Arbeitgeber nicht im Arbeitgeberverband, können Sie sich nicht auf den Tarifvertrag berufen.

> ■ Wenn dennoch die tarifvertraglichen Regelungen gelten sollen, muss die Anwendbarkeit des Tarifvertrags im Arbeitsvertrag vereinbart werden. ■

Falls es einen Betriebsrat gibt: Betriebsvereinbarungen

Betriebsvereinbarungen werden zwischen dem Betriebsrat und dem Arbeitgeber getroffen. Gegenstand einer Betriebsvereinbarung können nur solche Themen sein, die zum Aufgabenbereich des Betriebsrats gehören, wie z. B. die Einführung von Überstunden bzw. Kurzarbeit oder Beginn und Ende der täglichen Arbeitszeit. Auch Fragen, die den Inhalt und die Beendigung von Arbeitsverhältnissen betreffen, können im Rahmen einer Betriebsvereinbarung geregelt werden.

> ■ Betriebsvereinbarungen gelten für alle Arbeitnehmer des Betriebs mit Ausnahme der leitenden Angestellten. ■

Was üblich ist, ist auch verbindlich

In der betrieblichen Praxis entwickeln sich häufig bestimmte Übungen und Gebräuche z. B. die Zahlung von Weihnachtsgeld auch ohne vertragliche Verpflichtung dazu. Wird diese Leistung mehrfach wiederholt, wird bei den Arbeitnehmern ein Vertrauenstatbestand dahingehend geschaffen, dass diese Leistung auch künftig erbracht wird. Der Arbeitgeber ist dann nicht berechtigt, von dieser betrieblichen Übung einseitig wieder abzuweichen. Gibt der Arbeitgeber aber bei der Leistung jedes Mal zu erkennen, dass die Leistung nur freiwillig erbracht wird, so entsteht keine Betriebsübung und damit auch kein Anspruch auf künftige Leistung. Sie kann jederzeit eingestellt werden.

Beispiel: Betriebsübung

In der Praxis wenden tarifgebundene Arbeitgeber die Tarifverträge oft auch auf Arbeitnehmer an, die nicht Mitglied der Gewerkschaft sind. Geschieht dies über einen längeren Zeitraum und akzeptiert der Arbeitnehmer diese Übung durch die Entgegennahme der tariflichen Leistungen, so ist die Anwendung des Tarifvertrags als Betriebsübung anzusehen.

■ Für die nicht tarifgebundenen Arbeitnehmer hat dies zur Folge, dass sie einerseits zwar in den Genuss der günstigen tarifvertraglichen Regelungen kommen, andererseits aber auch benachteiligende Regelungen des Tarifvertrags (z. B. Regelungen über Kündigungsfristen, Verfallfristen) hinnehmen müssen. ■

Fehler, die Sie vermeiden sollten

Da die konkrete Ausgestaltung Ihres Arbeitsverhältnisses vom Inhalt Ihres Arbeitsvertrags bestimmt wird, sollten Ihnen folgende Fehler nicht unterlaufen:

- Sie unterzeichnen den Arbeitsvertrag blind.

  Der von Ihrem Arbeitgeber vorgelegte Arbeitsvertrag sollte von Ihnen genau studiert werden. In der Regel wird von Ihnen nicht die sofortige Unterzeichnung verlangt. Haben Sie die Möglichkeit auf den Inhalt des Vertrags Einfluss zu nehmen, sollten Sie hiervon auch Gebrauch machen und nicht aus Bequemlichkeit und im Vertrauen darauf, dass alles schon seine Richtigkeit haben werde, einfach die Vorgaben hinnehmen. Denken Sie an Ihre Interessen!

- Der Arbeitsvertrag regelt nur die unbedingt erforderlichen Punkte.

  Sofern in Ihrem Arbeitsvertrag nichts anderes vorgesehen ist, finden die gesetzlichen Vorschriften Anwendung. Diese sichern Ihnen aber nur die Rechte, die zu Ihrem Schutz als Arbeitnehmer unbedingt erforderlich sind. Daher sollten Sie unbedingt darauf achten, dass in Ihrem Vertrag nicht nur der Beginn des Arbeitsverhältnisses, die auszuübende Tätigkeit und die Vergütung, sondern auch alle Ihnen wichtigen Punkte geregelt sind.

- Sie kennen den Inhalt Ihres Arbeitsvertrags nicht.

  Kennen Sie den Inhalt Ihres Arbeitsvertrags nicht, haben Sie auch keine Kenntnis von Ihren Rechten. Dies ist aber die Grundvoraussetzung für die Wahrung Ihrer Interessen. Nur wenn Sie Ihre Rechte kennen, können Sie diese auch gegenüber Ihrem Arbeitgeber geltend machen.

> ■ Ist Ihnen die Bedeutung einzelner Klauseln nicht klar, machen Sie sich sachkundig, damit Sie wissen, was Sie unterschreiben. ■

DEN ARBEITSVERTRAG ABSCHLIEßEN

Wie Sie sich auf die Vertragsverhandlung vorbereiten

Sicher ist bei der heutigen Arbeitsmarktsituation meist der Arbeitgeber in der besseren Verhandlungsposition. Dennoch haben Sie einen Spielraum. Schließlich hat Ihr zukünftiger Arbeitgeber unter einer Vielzahl von Bewerbern ausgerechnet Sie ausgesucht. Unter allen Kandidaten hält er also Sie für am besten geeignet für die zu besetzende Stelle. Von daher hat er ein Interesse daran, dass Sie die Arbeitsstelle auch antreten.

Welche Leistungen sind betriebsüblich?

Zur Vorbereitung auf die Verhandlung sollten Sie sich zunächst erkundigen, welche Leistungen Ihr künftiger Arbeitgeber üblicherweise erbringt. Sind beispielsweise in dem Betrieb ein 13. Monatsgehalt und ein zusätzliches Urlaubsgeld üblich, können Sie davon ausgehen, dass diese Leistungen auch in Ihrem Arbeitsvertrag vorgesehen sind. Sollte dies dann wider Erwarten nicht der Fall sein, brauchen Sie sich nicht zu scheuen, dieses Thema anzusprechen.

Werden diese Leistungen aber üblicherweise nicht gewährt, werden Sie sie im Verhandlungswege kaum durchsetzen können, denn Ihr Arbeitgeber wird eine Ungleichbehandlung seiner Mitarbeiter vermeiden wollen.

■ Kennen Sie jemanden, der in dem Betrieb beschäftigt ist oder war, fragen Sie ihn nach den üblichen betrieblichen Leistungen. ■

Gibt es einen Tarifvertrag?

Gibt es für die Branche ein Tarifvertrag, kann es für die Verhandlung durchaus hilfreich sein, dessen Inhalt zu kennen. Die tarifvertraglichen Regelungen sind ein Anhaltspunkt dafür, welche Regelungen in der Branche üblich sind.

Sind Sie Mitglied der Gewerkschaft, können Sie dort ein Exemplar des Tarifvertrags anfordern. Die Gewerkschaft kann Ihnen auch Auskunft darüber geben, ob Ihr Arbeitgeber tarifgebunden ist. Dies ist der Fall, wenn er Mitglied des entsprechenden Arbeitgeberverbandes ist.

Wenn Sie kein Gewerkschaftsmitglied sind, erkundigen Sie sich in Ihrem Verwandten-, Bekannten- und Kollegenkreis, ob Ihnen jemand den Tarifvertrag zur Verfügung stellen kann.

Beim Bundesminister für Arbeit und Sozialordnung wird ein Tarifregister geführt, in das der Abschluss, die Änderung und die Aufhebung von Tarifverträgen sowie der Beginn und die Beendigung der Allgemeinverbindlichkeit eingetragen werden. Dort können Sie sich erkundigen, ob es für Ihre Branche einen Tarifvertrag gibt und ob dieser allgemeinverbindlich ist.

■ Ist ein Tarifvertrag allgemeinverbindlich, so bedeutet das, dass er für Sie auch gilt, wenn Sie bzw. Ihr Arbeitgeber nicht tarifgebunden sind. ■

Setzen Sie Prioritäten

Vor der Vertragsverhandlung müssen Sie sich darüber klar werden, welche Punkte Ihnen besonders wichtig sind. Ist Ihnen vor allem an einem möglichst hohen Gehalt gelegen? Oder ziehen Sie mehr Freizeit vor?

Auch die Kündigungsfristen sollten Sie in Ihre Überlegungen mit einbeziehen, denn eine lange Kündigungsfrist gibt Ihnen im Falle eines Falles mehr Zeit, eine neue Arbeit zu suchen. Andererseits kann eine lange Kündigungsfrist für Sie hinderlich sein, wenn Sie selbst das Arbeitsverhältnis beenden möchten, um eine andere Stelle anzutreten.

Legen Sie besonderen Wert darauf, nur eine bestimmte Tätigkeit auszuüben, dann ist die Stellenbeschreibung für Sie ein wichtiger Punkt.

> ■ Notieren Sie sich Ihre Ziele und werden Sie sich klar darüber, welche Punkte Ihnen besonders wichtig sind und wo Sie bereit sind, Abstriche zu machen. ■

Wo liegen Ihre Stärken?

Sie sollten im Verhandlungsgespräch auch auf Ihre Stärken hinweisen können. Dazu müssen Sie von Ihren Leistungen selbst überzeugt sein. Betrachten Sie kritisch, wo Ihre Stärken und Schwächen liegen, und beantworten Sie für sich folgende Fragen:

■ Welche Ausbildung und Berufserfahrung können Sie vorweisen?

- Leisten Sie qualitativ gute Arbeit?
- Sind Sie leistungsfähig?
- Sind Sie entscheidungsfreudig?
- Können Sie gute Teamarbeit leisten?
- Sind Sie kommunikationfähig?
- Haben Sie ein sicheres Auftreten?

Kommen Sie zu dem Ergebnis, dass Ihre Stärken genau die Fähigkeiten sind, die für die Stelle gefordert werden, so wird es Ihnen im Verhandlungsgespräch auch nicht schwer fallen selbstbewusst aufzutreten.

So verhalten Sie sich in der Verhandlung richtig

Für Ihr Verhalten in der Verhandlung ist auch Ihre Ausgangsposition zu beachten.

- Möchte Sie der Arbeitgeber zum Beispiel aufgrund Ihrer besonderen Qualifikation unbedingt als Mitarbeiter gewinnen oder will er Sie sogar abwerben, haben Sie alle Trümpfe in der Hand.

- Sind Sie nach einer längeren Arbeitslosigkeit froh, wieder eine Stelle gefunden zu haben, müssen Sie mit der realistischen Vorgabe in die Verhandlung gehen, dass Sie die Vertragsbedingungen nicht diktieren können. Mit etwas Verhandlungsgeschick können Sie die Vertragsbedingungen dennoch durchaus zu Ihren Gunsten beeinflussen.

Gehen Sie selbstbewusst, aber keinesfalls überheblich in die Verhandlung. Sprechen Sie ruhig die Punkte an, die Ihnen wichtig sind, und legen Sie die Gründe hierfür dar. Zeigen Sie Ihrem Verhandlungspartner, dass Sie nicht alle Ihre Vorstellungen unbedingt durchsetzen wollen. Akzeptieren Sie auch eine für Sie weniger günstige Klausel, wenn Sie merken, dass diese Regelung Ihrem Arbeitgeber wichtig ist. Versuchen Sie aber durch diplomatisches und taktisch kluges Verhalten den oder die Punkte, die in Ihrer Prioritätenliste ganz oben stehen, durchzusetzen.

Möglicherweise ist Ihr Arbeitgeber der Auffassung, dass für Sie wichtige Themen nicht im Arbeitsvertrag geregelt werden müssen, weil man sich im Fall der Fälle schon einigen werde. Machen Sie hier deutlich, dass klare und eindeutige Regelungen im Arbeitsvertrag im Interesse beider Vertragsparteien liegen, weil Streitpunkte gar nicht erst entstehen können.

Machen Sie sich entweder während des Gesprächs oder unmittelbar danach Notizen über das Ergebnis der Verhandlung und die getroffenen Vereinbarungen. Sie können diese dann mit dem schriftlichen Arbeitsvertrag vergleichen und so genau überprüfen, ob die mündlichen Vereinbarungen im Vertrag vollständig und zutreffend wiedergegeben sind.

Das Gehalt – ein wichtiger Punkt

Es versteht sich von selbst, dass das Gehalt für Sie wichtig ist. Schließlich möchte jeder für seine Arbeitsleistung angemessen bezahlt werden. Die Frage ist nur: Welches Gehalt ist angemessen?

Wenn Sie schon vorher in der Branche gearbeitet oder sich im Vorfeld der Verhandlung Erkundigungen eingeholt haben, haben Sie guten Karten. Sie wissen, welche Vergütung in der Branche oder gar in dem Betrieb für Ihre Arbeit üblich ist.

Die Schwierigkeit bei Antritt einer neuen Arbeitsstelle ist, dass Ihr Arbeitgeber Ihre konkreten Leistungen und Fähigkeiten noch nicht kennt. Verlangen Sie zu viel, laufen Sie Gefahr, dass er dies rigoros ablehnt. Verlangen Sie zu wenig, wird sich Ihr Arbeitgeber fragen, ob es hierfür einen Grund gibt. Wie so oft, ist es auch beim Gehalt sinnvoll den goldenen Mittelweg einzuschlagen.

> ■ Treten Sie aus einem ungekündigten Arbeitsverhältnis in die Verhandlungen ein, ist selbstverständlich der Hinweis erlaubt, dass Sie mit dem Wechsel der Arbeitsstelle auch ein höheres Gehalt erzielen möchten. ■

Wenn Sie einerseits den Bogen bei der Nennung Ihres Gehaltswunsches nicht überspannen wollen, andererseits aber davon überzeugt sind, aufgrund Ihrer Kenntnisse und Fähigkeiten die neue Tätigkeit zur vollsten Zufriedenheit Ihres Arbeitgebers leisten zu können, machen Sie diesem folgenden Vorschlag: Sie begnügen sich während der Probezeit mit einem Gehalt, das nicht ganz Ihren Vorstellungen entspricht. Gleichzeitig bringen Sie aber zum Ausdruck, dass sie sicher sind, die Erwartungen Ihres Chefs voll und ganz zu erfüllen, und daher nach Ablauf der Probezeit mit einer Gehaltserhöhung rechnen. Haben Sie Ihren Arbeitgeber während der Probezeit von Ihrer Leistungsfähigkeit und Kompetenz überzeugt, wird er sich Ihrem Wunsch nicht verschließen.

■ Selbstverständlich ist es auch möglich, bereits im Arbeitsvertrag das nach Ablauf der Probezeit zu zahlende Gehalt festzuschreiben. ■

Wie Sie Ihr Nettogehalt aufstocken können

Ärgern Sie sich jeden Monat neu, wenn Sie Ihre Gehaltsabrechnung erhalten? Sie vergleichen das ausgewiesene Bruttogehalt mit dem Auszahlungsbetrag und können es kaum fassen, in welchem Maße Steuern und Sozialabgaben Ihr Gehalt reduzieren. Dann sollten Sie sich Gedanken über Gehaltsextras machen.

Der Antritt einer neuen Arbeitsstelle ist der richtige Zeitpunkt dafür, ebenso eine anstehende Gehaltserhöhung. Denn die wirklich günstigen Gehaltsextras müssen zusätzlich zu Ihrem Gehalt gewährt werden. Eine Gehaltsumwandlung ist in der Regel nicht zulässig.

Die nachfolgend dargestellten Arbeitgeberleistungen bieten Ihnen die Möglichkeit, mehr Geld ins Portemonnaie zu bekommen.

Für Pendler günstig: Fahrtkostenzuschuss

Wenn Sie zu denjenigen gehören, die täglich zu ihrem Arbeitsplatz pendeln müssen, dann wissen Sie, dass die Anfahrt nicht nur Zeit, sondern auch ganz schön Geld kostet.
Sie haben die Möglichkeit, diese Kosten erheblich zu reduzieren, wenn Sie mit ihrem Arbeitgeber einen Fahrtkostenzuschuss vereinbaren.

Für Sie besonders günstig ist der Fahrtkostenzuschuss für Fahrten mit öffentlichen Verkehrsmitteln im Linienverkehr. Bezahlt Ihnen Ihr Arbeitgeber die Monats- oder Jahreskarte, die Sie für die Fahrt in den Betrieb und zurück benötigen, entfallen Ihre diesbezüglichen Kosten. Darüber hinaus ist dieser Fahrtkostenzuschuss steuer- und sozialabgabenfrei.

Auch für Ihren Arbeitgeber ist die Gewährung von Fahrtkostenzuschüssen von Vorteil, denn für ihn fällt der Arbeitgeberanteil zur Sozialversicherung nicht an. Zudem stellen die Zuschüsse gewinnmindernde Betriebsausgaben dar.

Auch wenn Sie täglich mit Ihrem eigenen Pkw zur Arbeit fahren, besteht die Möglichkeit, dass Ihr Arbeitgeber die Fahrtkosten zwischen Wohnung und Betrieb übernimmt und 0,70 DM pro Entfernungskilometer bezahlt. Beachten Sie jedoch, dass auf diese Fahrtkostenzuschüsse Lohnsteuer und Sozialabgaben zu entrichten sind. Dennoch fahren Sie günstiger, als wenn Sie die Kosten selbst zu tragen hätten.

■ Ist Ihr Arbeitgeber bereit Fahrtkostenzuschüsse zu bezahlen, steigen Sie möglichst auf öffentliche Verkehrsmittel um. Sie sparen dann nicht nur Kosten, Steuern und Sozialabgaben ein, sondern können die Monats- oder Jahreskarte auch privat nutzen, was zu einer weiteren Einsparung führt. ■

Arbeitskleidung

Benötigen Sie für Ihre Berufsausübung spezielle Arbeits- oder Schutzkleidung, kann Ihnen Ihr Arbeitgeber diese kostenlos zur Verfügung stellen. Sie sparen nicht nur die Anschaffungskosten, sondern auch Lohnsteuer und Sozialabgaben, denn die Zuwendung ist steuerfrei.

Für Ihren Arbeitgeber stellen die Anschaffungskosten der Arbeitskleidung Betriebsausgaben dar, die seinen Gewinn mindern und ihm daher Steuervorteile bringen. Außerdem spart er den Arbeitgeberanteil zur Sozialversicherung.

■ Beachten Sie bitte, dass diese Vorteile nur bei wirklich typischer Arbeitskleidung gegeben sind. Der Anzug oder das elegante Kostüm werden nicht als Arbeitskleidung anerkannt, auch wenn Sie diese Kleidung am Arbeitsplatz tragen müssen.   ■

Für Eltern interessant: Kindergartenzuschuss

Haben Sie Kinder, die noch nicht schulpflichtig sind, kann Ihr Arbeitgeber die Kosten des Kindergartens oder einer ähnlichen Einrichtung wie zum Beispiel Kindertagesstätte, Kinderkrippe oder einer Tagesmutter übernehmen. Auch hier ist die Zahlung, unabhängig von der Höhe, lohnsteuer- und sozialabgabenfrei. Auch für Ihren Arbeitgeber fallen keine Lohnnebenkosten an. Sein zu versteuernder Gewinn wird durch diese Betriebsausgaben gemindert.

■ Die Betreuung der Kinder im eigenen Haushalt ist nicht begünstigt. Ziehen Sie es dennoch vor, dass Ihre Kinder zu Hause etwa durch eine Haushaltshilfe betreut werden, lassen Sie sich diese – wenn möglich – von Ihrem Arbeitgeber bezahlen. Auch wenn Sie für diese Arbeitgeberleistung Lohnsteuer und Sozialabgaben entrichten müssen, ist es immer noch billiger, als wenn Sie die anfallenden Kosten selbst aufbringen müssen.   ■

Unbefristetes oder befristetes Arbeitsverhältnis?

Unterliegen Sie nicht dem Irrtum, es mache keinen Unterschied, ob das Arbeitsverhältnis unbefristet oder befristet abgeschlossen wird. Ein befristetes Arbeitsverhältnis hat für Sie einen gravierenden Nachteil: Es endet mit Ablauf der Zeit, für die es eingegangen wurde. Sie haben keinerlei Möglichkeit, sich auf die allgemeinen oder besonderen Kündigungsschutzvorschriften zu berufen. Dies ist der Vorteil für Ihren Arbeitgeber, denn er kann das Arbeitsverhältnis problemlos wieder beenden, ohne einen Kündigungsschutzprozess befürchten zu müssen.

■ Gehen Sie nicht davon aus, dass ein befristetes Arbeitsverhältnis regelmäßig der Einstieg in eine dauerhafte Arbeitsstelle ist. Ist in dem Betrieb keine unbefristete Stelle eingeplant, wird Ihr Arbeitgeber zur Vermeidung des Kündigungsschutzes im Zweifel eher einen neuen befristeten Vertrag mit einem anderen Arbeitnehmer schließen, auch wenn er mit Ihnen sehr zufrieden war. ■

Erstrebenswert: das unbefristete Arbeitsverhältnis

Das unbefristete Arbeitsverhältnis endet nicht automatisch nach Ablauf einer bestimmten Frist, sondern wird in der Regel durch Kündigung beendet. Eine solche kann von Ihrem Arbeitgeber jedoch nur dann jederzeit unter Einhaltung der Kündigungsfrist ausgesprochen werden, wenn weder der allgemeine Kündigungsschutz des Kündigungsschutzgesetzes noch die besonderen Kündigungsschutzvorschriften eingreifen.

Wann gilt der allgemeine Kündigungsschutz?

Das Kündigungsschutzgesetz muss von Ihrem Arbeitgeber nur dann nicht beachtet werden, wenn in seinem Betrieb in der Regel nicht mehr als fünf Arbeitnehmer (ohne Auszubildende) beschäftigt sind. Bei der Ermittlung der Anzahl der Beschäftigten werden

- Teilzeitbeschäftigte mit einer üblichen wöchentlichen Arbeitszeit von nicht mehr als 20 Stunden mit 0,5 (also als halbe Beschäftigte) und

- Teilzeitbeschäftigte mit nicht mehr als 30 Stunden mit 0,75 (also als Dreiviertel-Beschäftigte)

berücksichtigt.

Sind in dem Betrieb regelmäßig sechs oder mehr Arbeitnehmer beschäftigt und hat Ihr Arbeitsverhältnis länger als sechs Monate bestanden, kann Ihr Arbeitgeber das Arbeitsverhältnis nur dann wirksam durch Kündigung beenden, wenn einer der folgenden Kündigungsgründe gegeben ist:

- personenbedingte Kündigungsgründe wie z. B. mangelnde Eignung oder Krankheit des Arbeitnehmers;

- verhaltensbedingte Kündigungsgründe wie z. B. Arbeitsverweigerung, ständige Unpünktlichkeit oder Verstoß gegen ein betriebliches Alkoholverbot;

- betriebsbedingte Kündigungsgründe wie z. B. Wegfall des Arbeitsplatzes durch Rationalisierungsmaßnahmen, Auftragsmangel.

Wird Ihr Arbeitsverhältnis aus betriebsbedingten Gründen gekündigt, ist die Kündigung trotz des Vorliegens eines Kündigungsgrundes unwirksam, wenn Ihr Arbeitgeber bei der Auswahl des zu kündigenden Arbeitnehmers die sozialen Gesichtspunkte nicht ausreichend berücksichtigt hat. Dazu zählen insbesondere

- die Dauer der Betriebszugehörigkeit,
- das Lebensalter und
- die Unterhaltspflichten des Arbeitnehmers.

Damit die Kündigung Bestand haben kann, muss demjenigen Arbeitnehmer gekündigt werden, der am wenigsten schutzbedürftig ist.

Wann gilt der besondere Kündigungsschutz?

Bestimmte Arbeitnehmergruppen genießen einen besonderen Kündigungsschutz. Zu nennen sind insbesondere:

- Schwangere und Wöchnerinnen,
- Arbeitnehmer, die Erziehungsurlaub beantragt haben oder in Anspruch nehmen,
- Schwerbehinderte,
- Wehr- und Zivildienstleistende,
- Betriebsratsmitglieder.

Das Arbeitsverhältnis mit diesen Arbeitnehmern kann nur ausnahmsweise und bei Vorliegen besonderer Umstände vom Arbeitgeber gekündigt werden.

Weniger günstig: das befristete Arbeitsverhältnis

Da durch den Abschluss eines befristeten Arbeitsvertrags die Kündigungsschutzvorschriften ausgeschaltet werden können, ist eine Befristung nur unter bestimmten Voraussetzungen zulässig.

Kündigungsschutz darf nicht umgangen werden

Der allgemeine Kündigungsschutz darf durch die Befristung des Arbeitsverhältnisses nicht umgangen werden.

Das Arbeitsverhältnis unterfällt aber nur dann dem Kündigungsschutz, wenn es länger als sechs Monate bestanden hat und der Arbeitgeber mehr als fünf Arbeitnehmer beschäftigt. Verträge mit einer Befristung von unter sechs Monaten sind also – unabhängig von der Betriebsgröße – ohne weiteres zulässig.

Kleinbetriebe, die regelmäßig nicht mehr als fünf Arbeitnehmer beschäftigen, können ebenfalls ohne weiteres befristete Arbeitsverträge schließen. Sie sind den Beschränkungen des Kündigungsschutzgesetzes nicht unterworfen.

Kommt durch die Befristung des Arbeitsverhältnisses die Umgehung der Kündigungsschutzvorschriften in Betracht, muss für die Befristung ein sachlicher Grund vorliegen. Beispielhaft sind folgende Gründe zu nennen, die eine Befristung rechtfertigen:

■ Wünscht der Arbeitnehmer den Abschluss eines befristeten Vertrags, ist die Befristung sachlich gerechtfertigt.

- Ob ein Arbeitnehmer für eine bestimmte Tätigkeit fachlich geeignet ist, kann häufig nur durch eine Probezeit festgestellt werden. Befristete Probearbeitsverhältnisse sind daher ebenfalls zulässig.

- Die Befristung aus betriebsbedingten Gründen wird unter anderem anerkannt bei Krankheits-, Urlaubs- und Schwangerschaftsvertretung, Erledigung von Eilaufträgen, Saisonarbeit.

Andere Möglichkeit: Befristung nach dem Beschäftigungsförderungsgesetz

Mit dem Beschäftigungsförderungsgesetz wurde aus arbeitsmarktpolitischen Gründen die Möglichkeit eingeräumt, befristete Arbeitsverträge auch ohne sachlichen Grund abzuschließen. Die Befristung ist bis zu einer Dauer von zwei Jahren zulässig. Ein befristeter Arbeitsvertrag kann bis zu dreimal verlängert werden, wobei auch hier die Gesamtdauer der Befristung zwei Jahre nicht überschreiten darf.

Beispiel
Ein befristeter Arbeitsvertrag von sechs Monaten kann dreimal um weitere sechs Monate, also auf insgesamt 24 Monate, verlängert werden und erreicht damit die Höchstgrenze.

Dieser erleichterte Abschluss befristeter Verträge nach dem Beschäftigungsförderungsgesetz ist bis zum 31.12.2000 möglich.

■ Setzen Sie das Arbeitsverhältnis nach Ablauf der Befristung mit Wissen Ihres Arbeitgebers fort und widerspricht dieser der Fortsetzung nicht, wird ein unbefristetes Arbeitsverhältnis begründet, das im Falle der Anwendbarkeit des Kündigungsschutzgesetzes von Ihrem Arbeitgeber nicht so leicht gekündigt werden kann. ■

Was geschieht bei einer unzulässigen Befristung?

Ist die Befristung unwirksam, weil kein sachlicher Grund besteht und die Befristung den zulässigen Zeitraum von zwei Jahren nach dem Beschäftigungsförderungsgesetz überschreitet, führt dies nicht zur Unwirksamkeit des gesamten Vertrags. Unwirksam ist vielmehr nur die Befristung. Es liegt dann ein unbefristeter Arbeitsvertrag vor, dessen Inhalt sich nach den getroffenen Vereinbarungen richtet. Greifen die Kündigungsschutzvorschriften ein, sind diese in vollem Umfang anzuwenden.

Welche Form und welche Inhalte muss der Arbeitsvertrag haben?

Grundsätzlich kann ein Arbeitsvertrag schriftlich, mündlich oder sogar durch schlüssiges Verhalten abgeschlossen werden.

Nur wenn Gesetz, Tarifvertrag oder Betriebsvereinbarung dies vorschreiben, muss der Arbeitsvertrag schriftlich abgeschlossen werden. Die Schriftform kann auch von den Parteien des Arbeitsvertrags vereinbart werden. Dann können sie jedoch den Formzwang jederzeit, auch mündlich, wieder aufheben.

■ Der Arbeitsvertrag sollte immer schriftlich abgeschlossen werden. Nur so können Sie den Inhalt der getroffenen Vereinbarungen im Streitfall ohne Probleme beweisen. Auch bei nachträglichen Änderungen sollten Sie in Ihrem Interesse unbedingt darauf achten, dass sie schriftlich festgehalten werden. ■

Haben Sie einen Anspruch auf Dokumentation des Vertragsinhalts?

Auch wenn Ihr Arbeitsvertrag nur mündlich abgeschlossen wurde, haben Sie Anspruch auf eine schriftliche Niederlegung. Aufgrund des Nachweisgesetzes ist Ihr Arbeitgeber verpflichtet, spätestens einen Monat nach dem vereinbarten Beginn des Arbeitsverhältnisses die wesentlichen Vertragsbedingungen schriftlich niederzulegen. Er muss die Niederschrift unterzeichnen und Ihnen aushändigen.

Die Niederschrift muss mindestens folgende Angaben enthalten:

- Name und Anschrift der Vertragsparteien;

- Zeitpunkt des Beginns des Arbeitsverhältnisses;

- bei befristeten Arbeitsverträgen: die vorhersehbare Dauer des Arbeitsverhältnisses;

- Arbeitsort oder, falls der Arbeitnehmer nicht nur an einem bestimmtem Arbeitsort tätig werden soll, ein Hinweis darauf, dass der Arbeitnehmer an verschiedenen Orten beschäftigt werden kann;

- kurze Charakterisierung oder Beschreibung der vom Arbeitnehmer zu leistenden Tätigkeit;

- Zusammensetzung und die Höhe des Arbeitsentgelts einschließlich der Zuschläge, Zulagen, Prämien, Sonderzahlungen sowie anderer Bestandteile des Arbeitsentgelts und deren Fälligkeit;

- vereinbarte Arbeitszeit;

- Dauer des jährlichen Erholungsurlaubs;

- Fristen für die Kündigung des Arbeitsverhältnisses;

- ein in allgemeiner Form gehaltener Hinweis auf Tarifverträge und Betriebs- und Dienstvereinbarungen, die auf das Arbeitsverhältnis anzuwenden sind.

Kommt Ihr Arbeitgeber seiner Verpflichtung, Ihnen eine Niederschrift der Vertragsbedingungen auszuhändigen, nicht nach, ist der Arbeitsvertrag dennoch wirksam. Sie können die Erstellung und Aushändigung der Niederschrift vor dem Arbeitsgericht einklagen.

Was Ihr Arbeitsvertrag mindestens enthalten soll

Aus dem Arbeitsvertrag ergeben sich für beide Vertragsparteien Verpflichtungen. Sie als Arbeitnehmer verpflichten sich zur Leistung von Diensten, Ihr Arbeitgeber zur Zahlung Ihres Gehalts. Sobald Sie sich über diese Hauptleistungspflichten geeinigt haben, liegt ein wirksamer Arbeitsvertrag vor.

In der Praxis wird diese rudimentäre Art des Abschlusses jedoch kaum vorkommen. In der Regel werden zumindest auch die Art der auszuführenden Arbeit und die Höhe des Gehalts vereinbart.

Werden ansonsten keine weiteren Vereinbarungen getroffen, gelten im Übrigen die gesetzlichen Regelungen. Es werden Ihnen also nur die zu Ihrem Schutz zwingend vorgeschriebenen Mindestrechte zugestanden.

Wenn Sie von Ihrem Arbeitgeber die Niederschrift über die wesentlichen Vertragsbedingungen erhalten, kann es leicht sein, dass Sie dort lediglich diese gesetzlichen Mindestrechte formuliert finden. Sie sollten daher darauf bedacht sein, dass Sie sich zumindest über die im Nachweisgesetz angeführten wesentlichen Vertragsbedingungen mit Ihrem Arbeitgeber einig werden. Im Einzelnen sollten Sie auf Folgendes achten:

Wer sind die Vertragsparteien?

Die genaue Bezeichnung der Vertragsparteien ist zwar eine Formalität, sie kann unter Umständen aber durchaus von Bedeutung sein. Denn Ihre Rechte aus dem Arbeitsvertrag können Sie nur gegenüber Ihrem Arbeitgeber geltend machen, also in der Regel derjenigen Person, die im Arbeitsvertrag als Arbeitgeber genannt ist.

Beispiel: Formulierung der Vertragsparteien

„Zwischen
XY-OHG, ...
– Arbeitgeber –

und
Frau/Herrn ....
– Arbeitnehmer/in –

wird folgender Arbeitsvertrag geschlossen:"

Wann beginnt das Arbeitsverhältnis?

Im Arbeitsvertrag sollte genau bestimmt sein, wann das Arbeitsverhältnis beginnt. Hierunter ist der vereinbarte, nicht der tatsächliche Beginn des Arbeitsverhältnisses zu verstehen. Der vereinbarte und der tatsächliche Beginn des Arbeitsverhältnisses können beispielsweise dann auseinanderfallen, wenn der Arbeitnehmer infolge einer Erkrankung die Tätigkeit nicht zum vereinbarten Zeitpunkt aufnehmen kann oder wenn das Arbeitsverhältnis am Ersten eines Monats beginnt, dieser aber ein Feiertag ist.

Der vereinbarte Beginn des Arbeitsverhältnisses ist maßgeblich für die Wartezeiten z. B. des Kündigungsschutzgesetzes oder des Bundesurlaubsgesetzes.

Zu welchen Tätigkeiten sind Sie verpflichtet?

Je konkreter und ausführlicher die Tätigkeitsbeschreibung gefasst ist, desto weniger Raum verbleibt für das Weisungsrecht (auch Direktionsrecht genannt) Ihres Arbeitgebers hinsichtlich der von Ihnen auszuführenden Tätigkeit.

Beispiele: Beschreibung der Tätigkeit

Ist in Ihrem Arbeitsvertrag der Aufgabenbereich präzise festgehalten (Lohnbuchhalter/in, Verkäufer/in in der Herrenmodeabteilung, Reparaturschlossser/in) und eventuell sogar durch eine zusätzliche Stellenbeschreibung konkretisiert, so müssen Sie nur die angegebene Tätigkeit bzw. die in der Stellenbeschreibung genannten Aufgaben durchführen. Ihr Arbeitgeber ist nicht berechtigt, Ihnen eine andere Tätigkeit zuzuweisen.

Wird Ihre Tätigkeit – wie oft üblich – nur fachlich umschrieben (z. B. Kaufmännische/r Angestellte/r, Verkäufer/in, Schlosser/in), müssen Sie alle

Tätigkeiten ausführen, die sich innerhalb des Berufsbildes halten. Als Verkäufer/in können Sie also z. B. in jeder Abteilung eingesetzt werden.

Wurden Sie unter einem Sammelbegriff wie Arbeiter/in oder Produktionshelfer/in eingestellt, haben Sie jede Tätigkeit zu verrichten, sofern die Zuweisung billigem Ermessen entspricht.

Der Nachteil einer sehr weiten Regelung des Tätigkeitsbereichs ist, dass es nahezu im Belieben Ihres Arbeitgebers steht, welche Tätigkeit er Ihnen zuweist. Sie können sich nicht weigern eine Ihnen vielleicht unangenehme Tätigkeit auszuüben.

Im Fall anstehender betriebsbedingter Kündigungen kann sich der weite Tätigkeitsbereich jedoch als Vorteil herausstellen. Nach den Vorschriften des Kündigungsschutzgesetzes ist eine betriebsbedingte Kündigung, z. B. wegen Wegfalls Ihres Arbeitsplatzes aufgrund von Rationalisierungsmaßnahmen, nur dann wirksam, wenn sie auf einer ordnungsgemäßen Sozialauswahl beruht. Hiermit soll sichergestellt werden, dass derjenige Arbeitnehmer entlassen wird, der am wenigsten schutzbedürftig ist. Kriterien hierfür sind Dauer der Betriebszugehörigkeit, Lebensalter und Unterhaltspflichten. In die Sozialauswahl werden alle Arbeitnehmer einbezogen, die austauschbar sind. Je weiter Ihre Tätigkeitsbeschreibung gefasst ist, desto mehr Arbeitnehmer sind in die Sozialauswahl mit einzubeziehen.

Im Klartext heißt dies: Je größer die Anzahl Ihrer Kollegen ist, die bei der Sozialauswahl ebenfalls berücksichtigt werden müssen, desto größer sind Ihre Chancen, nicht von der Entlassung betroffen zu werden.

■ Ob eine konkrete oder eine weite Tätigkeitsbeschreibung vorzuziehen ist, hängt von Ihren Prioritäten ab. Legen Sie in erster Linie Wert darauf eine bestimmte Tätigkeit ausüben zu können, ist eine möglichst konkrete und ausführliche Stellenbeschreibung zur Wahrung Ihrer Interessen vorzuziehen. Möchten Sie aber vor allem Ihren Arbeitsplatz sichern, dann sollten Sie einer allgemeinen und weiten Stellenbeschreibung den Vorzug geben. ■

Wo müssen Sie Ihre Arbeit verrichten?

Der Ort, an dem Sie ihre Arbeitsleistung erbringen müssen, richtet sich vor allem nach der getroffenen Vereinbarung, also nach Ihrem Arbeitsvertrag. Sagt dieser nichts über den Arbeitsort aus, ist üblicherweise der Betrieb Ihres Arbeitgebers der Arbeitsort.

Ihr Arbeitgeber kann Ihnen die Stelle im Betrieb zuweisen, wo die Arbeit zu verrichten ist, z. B. einen bestimmten Raum oder eine bestimmte Maschine. Auch eine Umsetzung innerhalb des Betriebs ist möglich. Beachten Sie aber, dass dieses Umsetzungsrecht Ihres Arbeitgebers auch dann gegeben ist, wenn Sie für ein Filialunternehmen tätig sind. Sie können also in eine Filiale des Betriebs an einem anderen Ort versetzt werden, sofern dies für Sie zumutbar ist.

Auch bei einer Betriebsverlegung müssen Sie an dem neuen Standort Ihre Arbeit ausüben, wenn dies für Sie keine besondere Schwierigkeiten mit sich bringt. Falls Sie einen Ortswechsel unbedingt vermeiden oder nur in einer bestimmten Filiale tätig sein möchten, muss die Stadt, in der der Betrieb bei Abschluss des Vertrags seinen Sitz hat, oder die konkrete Filiale im Arbeitsvertrag als Arbeitsort genannt sein.

Wurde die Stadt, in der sich der Betrieb befindet, als Arbeitsort vereinbart, müssen Sie einer Umsetzung nur innerhalb des Stadtgebiets Folge leisten.

■ Soweit Ihnen infolge einer Versetzung oder Betriebsverlegung erhöhte Kosten entstehen, ist Ihr Arbeitgeber verpflichtet, Ihnen diese zu ersetzen. ■

Wurden Sie für den Außendienst eingestellt, haben Sie Ihre Tätigkeit nicht im Betrieb Ihres Arbeitgebers, sondern bei dessen Kunden zu leisten.

Beispiel: Tätigkeitsbereich im Außendienst
„Der Tätigkeitsbereich erstreckt sich auf den Postleitzahl-Bezirk …"
oder:

„Der Tätigkeitsbezirk ist auf der diesem Vertrag beigefügten Landkarte eingezeichnet. Diese ist Bestandteil des Arbeitsvertrags."

Welche Arbeitszeiten müssen Sie einhalten?

Damit klar ist, wie viel Arbeitszeit Sie für das vereinbarte Gehalt schulden, sollte unbedingt zumindest die wöchentliche Arbeitszeit geregelt werden.

Auch der Beginn und das Ende der täglichen Arbeitszeit können im Arbeitsvertrag vereinbart werden. Da die tägliche Arbeitszeit in der Regel für alle Arbeitnehmer im Betrieb einheitlich festgelegt wird, ist für eine abweichende Regelung im Arbeitsvertrag oft kein Raum. Es wird dort die betriebsübliche tägliche Arbeitszeit aufgenommen.

Beispiel: Festlegung der Arbeitszeit

„Die Arbeitszeit beträgt wöchentlich 37,5 Stunden ohne die Berücksichtigung von Pausen. Der Arbeitsbeginn ist auf … Uhr festgelegt, das Arbeitsende auf … Uhr."

Ob die täglichen Arbeitszeiten festgeschrieben oder gleitend sind, wird in der Regel ebenfalls einheitlich gehandhabt. Gleiches gilt hinsichtlich der Frage, was zur Arbeitszeit zählt. Es kann beispielsweise auf das Betreten bzw. Verlassen des Betriebs oder auf das Betreten bzw. das Verlassen des Arbeitsplatzes abgestellt werden.

Beispiel: Arbeitszeit

Wird auf das Betreten bzw. das Verlassen des Betriebs abgestellt, so zählen das Umkleiden vor und nach der Arbeit, die Entgegennahme und Abgabe von Werkzeug oder weite Wege auf dem Betriebsgelände zur Arbeitszeit. Die hierfür benötigte Zeit geht daher zu Lasten Ihres Arbeitgebers.

Wird demgegenüber auf das Betreten oder Verlassen des Arbeitsplatzes abgestellt, geht die Zeit der Vorbereitung zu Ihren Lasten. Mit anderen Worten: Sie werden hierfür nicht bezahlt.

Welche Vergütung erhalten Sie?

Herkömmlicherweise bezeichnet man die Vergütung der Angestellten als Gehalt und die der Arbeiter als Lohn.

Das Gehalt wird üblicherweise als Monatsvergütung, der Lohn als Stundenlohn vereinbart. Der praktische Unterschied liegt darin, dass das Gehalt jeden Monat in gleicher Höhe ausgezahlt wird, die Höhe des Lohnes hingegen von den tatsächlich geleisteten Arbeitsstunden abhängt, also jeden Monat unterschiedlich sein kann.

Selbstverständlich sollte der Lohn bzw. das Gehalt im Arbeitsvertrag ausgewiesen sein. Gleiches gilt für eventuell vereinbarte Gehaltsextras.

Wie viel Urlaub steht Ihnen zu?

Findet sich in Ihrem Arbeitsvertrag keine Regelung über den jährlichen Erholungsurlaub, kann dies zu einer bösen Überraschung führen. Sind weder ein Tarifvertrag noch eine Betriebsvereinbarung diesbezüglich anzuwenden, können Sie nur den Mindesturlaub des Bundesurlaubsgesetzes beanspruchen. Dieser beträgt lediglich 24 Werktage.

Beachten Sie, dass als Werktage alle Kalendertage gelten, die nicht Sonn- oder gesetzliche Feiertage sind, also auch der arbeitsfreie Samstag. Arbeiten Sie nur von Montag bis Freitag, hat eine verhältnismäßige Umrechnung in Arbeitstage zu erfolgen. Die Umrechnung erfolgt nach der folgenden Formel:

(Urlaubsanspruch in Werktagen:6) x Zahl der Arbeitstage pro Woche = Urlaubstage in Arbeitstagen

Diese Umrechnung ergibt einen Urlaubsanspruch von nur 20 Arbeitstagen.

■ Achten Sie unbedingt darauf, dass in den Arbeitsvertrag aufgenommen wird, wie viel Urlaub Sie beanspruchen können. Achten Sie ferner darauf, dass der Urlaub in Arbeits- und nicht in Werktagen angegeben ist. Nur dann vermeiden Sie die obige Umrechnung und erhalten tatsächlich die Anzahl an Urlaubstagen, die im Vertrag angegeben ist. ■

Vereinbarungen, die für Sie von Vorteil sind

Feste Gehaltserhöhungen bewahren vor schwierigen Situationen

Kennen Sie die Situation, dass Sie immer wieder von Tarifabschlüssen hören, die Gehaltserhöhungen zum Gegenstand haben, Ihr Arbeitgeber von diesen Lohn- und Gehaltssteigerungen aber nichts mitzubekommen scheint?

Es liegt dann an Ihnen, wegen einer Gehaltserhöhung vorstellig zu werden. Dieser Schritt muss gut vorbereitet werden. Wenn Sie in letzter Zeit etwas unkonzentriert gearbeitet haben oder der Betrieb ein schlechtes Betriebsergebnis erzielt hat, wird Ihr Arbeitgeber einer Gehaltserhöhung wenig zugetan sein.

Diese schwierige und oft auch unangenehme Situation können Sie vermeiden, wenn in Ihrem Arbeitsvertrag die Gehaltserhöhungen bereits geregelt sind. Besteht für die Branche ein Tarifvertrag, so bietet es sich an, Ihre Gehaltsentwicklung an die tariflichen Gehaltserhöhungen anzubinden.

Formulierungsbeispiel: Tarifliche Gehaltserhöhung
„Das Bruttogehalt wird entsprechend den Tarifabschlüssen der Branche … erhöht. Der Tarifabschluss ist auch für den Zeitpunkt der Gehaltserhöhung maßgeblich."

Selbstverständlich ist es auch möglich, dass Sie mit Ihrem Arbeitgeber Gehaltserhöhungen in regelmäßigen Abständen vereinbaren.

Formulierungsbeispiel: Gehaltserhöhung

„Das Bruttogehalt wird alle zwei Jahre zum 01.01. eines Jahres, erstmals am 01.01. …, um DM … erhöht."

Wenn sich Ihre Arbeitsbedingungen verändern werden

Ist bereits bei Abschluss des Arbeitsvertrags absehbar, dass sich Ihr Verantwortungsbereich erhöhen oder Ihr Aufgabenbereich erweitern wird, kann es empfehlenswert sein in den Vertrag eine Regelung über die Anpassung des Gehalts aufzunehmen. Da die Einzelheiten noch nicht feststehen, ist es schwierig diese Regelung bereits exakt festzulegen. Es kann jedoch in den Arbeitsvertrag aufgenommen werden, dass die Parteien bei Eintritt bestimmter Bedingungen verpflichtet sind über die Höhe des Gehalts neu zu verhandeln.

Formulierungsbeispiel

„Wird Herrn/Frau … der Aufgabenbereich … übertragen, werden die Parteien über das Gehalt neu verhandeln."

Was geschieht mit nicht genommenem Urlaub?

Nach den gesetzlichen Vorschriften muss der Urlaub grundsätzlich im laufenden Kalenderjahr gewährt und genommen werden. Ein Ansammeln von Urlaubsansprüchen ist nicht zulässig.

Das bedeutet, dass Ihr Urlaubsanspruch jeweils zum Ende des Kalenderjahres erlischt. Eine Übertragung des Urlaubs auf das nächste Kalenderjahr ist nur statthaft, wenn dringende betriebliche oder in Ihrer Person liegende Gründe dies rechtfertigen. Liegen diese Voraussetzungen vor, muss die Übertragung nicht extra vereinbart werden, sie tritt vielmehr kraft Gesetzes ein. Der Urlaub muss dann bis zum 31.03. des Folgejahres gewährt und genommen werden.

Beispiel: Übertragung des Urlaubs

Als dringende betriebliche Gründe, die eine Übertragung des Urlaubs rechtfertigen, werden beispielsweise Krankheitsvertretung oder dringende und unaufschiebbare Reparaturarbeiten angesehen. Als Gründe in der Person des Arbeitnehmers sind z. B. dessen Erkrankung oder ein Krankheitsfall in seiner Familie anerkannt. Wünschen Sie die Übertragung des Urlaubs, weil Sie derzeit nicht die finanziellen Mittel haben, um eine Urlaubsreise anzutreten, so genügt dies als Übertragungsgrund allerdings nicht.

Häufig wird darüber gestritten, ob tatsächlich Gründe vorlagen, die den Arbeitnehmer daran hinderten, seinen Urlaub im laufenden Kalenderjahr zu nehmen. Aus diesem Grund spricht vieles dafür, eine entsprechende Übertragung von Resturlaubsansprüchen auf das nächste Jahr bereits im Arbeitsvertrag zu vereinbaren.

■ Als Zeitpunkt, an dem der Urlaub verfällt, muss nicht der 31. März des Folgejahres gewählt werden. Es ist durchaus zulässig, einen späteren Verfallzeitpunkt, zum Beispiel den 30.06. des Folgejahres, zu vereinbaren. ■

Wie ist das mit den Überstunden?

Man spricht von „Überstunden", wenn über die vertraglich vereinbarte Arbeitszeit hinaus gearbeitet wird. „Mehrarbeit" ist die über die gesetzliche Arbeitszeit hinaus geleistete Arbeit.

■ Grundsätzlich ist darauf hinzuweisen, dass Sie zur Leistung von Überstunden und Mehrarbeit nur verpflichtet sind, wenn dies vertraglich vereinbart ist. Ohne entsprechende vertragliche Vereinbarung sind Sie zu deren Leistung nur in Notfällen verpflichtet, also wenn drohende Schäden vom Betrieb abgewendet werden müssen. ■

Vor allem wenn in Ihrem Vertrag die Verpflichtung zur Leistung von Überstunden und Mehrarbeit vorgesehen ist, sollten Sie darauf achten, dass auch deren Vergütung geregelt und insbesondere ein Vergütungszuschlag vereinbart wird. Ansonsten ist Ihr Arbeitgeber zur Zahlung eines Überstunden- bzw. Mehrarbeitszuschlags nur verpflichtet, wenn dieser betriebs- oder branchenüblich ist, worüber sich trefflich streiten lässt.

Formulierungsbeispiel: Überstundenzuschlag
„Herr/Frau … erhält für jede Über- oder Mehrarbeitsstunde die vereinbarte Stundenvergütung zuzüglich eines Zuschlags von 25 %."

■ Die Bezahlung von Überstunden oder Mehrarbeit können Sie nur dann verlangen, wenn die zusätzliche Arbeit von Ihrem Arbeitgeber angeordnet oder zumindest bewusst geduldet wurde. Arbeiten Sie von sich aus länger, um Ihr Pensum zu bewältigen, können Sie keine zusätzliche Bezahlung beanspruchen! ■

Wenn Ihre Arbeitszeiten ungünstig liegen

Zuschläge für ungünstige Arbeitszeiten werden in der Regel für Nachtarbeit, Wechselschicht sowie für Sonn- und Feiertagsarbeit gewährt. Auch wenn diese Zuschläge meist betriebs- und branchenüblich und daher auch ohne ausdrückliche Vereinbarung im Arbeitsvertrag zu zahlen sind, sollten Sie zur Vermeidung von Differenzen darauf achten, dass sie ausdrücklich im Vertrag vereinbart werden – selbstverständlich auch ihre Höhe.

Erhalten Sie Gratifikationen?

Wird Ihnen im Rahmen der Vertragsverhandlung mitgeteilt, dass im Betrieb Gratifikationen, Weihnachtsgeld oder Urlaubsgeld gezahlt werden, so besagt dies noch lange nicht, dass diese Leistungen auch künftig von Ihrem Arbeitgeber erbracht werden. Diese Sonderzahlungen werden oft nur unter dem Vorbehalt der Freiwilligkeit geleistet. Dies hat zur Folge, dass Ihr Arbeitgeber die Leistung jederzeit wieder einstellen kann.

Wenn Sie sichergehen wollen, dass Sie diese Zusatzleistungen auch künftig erhalten, müssen Sie sie im Arbeitsvertrag vereinbaren. Ihr Arbeitgeber ist dann zur Zahlung verpflichtet.

Formulierungsbeispiele: Gratifikationen
„Herr/Frau ... erhält am ... ein Weihnachtsgeld/eine Gratifikation in Höhe von ... DM. Im Ein- und Austrittsjahr wird das Weihnachtsgeld/die Gratifikation entsprechend der Dauer der Beschäftigung gezahlt."

„Herr/Frau ... erhält bei Urlaubsantritt ein zusätzliches Urlaubsgeld in Höhe von ... DM pro Urlaubstag."

„Herr/Frau ... erhält am ... ein zusätzliches Urlaubsgeld in Höhe von ... DM."

Was geschieht, wenn Sie krank werden?

Die Vergangenheit hat gezeigt, dass die Lohnfortzahlung im Krankheitsfall zu 100 % keine Selbstverständlichkeit ist. Alle Arbeitnehmer, die im Arbeitsvertrag hierzu keine Vereinbarung getroffen hatten oder in deren Arbeitsvertrag auf die gesetzliche Regelung Bezug genommen wurde, waren von der Gesetzesänderung betroffen, die nur noch eine Lohnfortzahlung von 90 % vorsah.

Die Gesetzeslage hat sich wieder geändert. Derzeit ist Ihr Arbeitgeber verpflichtet, Ihnen bei unverschuldeter Erkrankung für den Zeitraum von sechs Wochen das volle Arbeitsentgelt zu bezahlen.

Da nicht ausgeschlossen werden kann, dass die Lohnfortzahlung im Krankheitsfall in Zukunft wieder gekürzt wird, sind Sie nur dann auf der sicheren Seite, wenn Ihr Arbeitsvertrag eine Regelung enthält, dass Sie im Krankheitsfall die volle Vergütung erhalten.

Formulierungsbeispiel: Lohnfortzahlung im Krankheitsfall

„Ist Herr/Frau ... infolge unverschuldeter Erkrankung an der Arbeitsleistung verhindert, erhält er/sie die vertraglichen Bezüge für die Dauer von sechs Wochen weiter."

Hier müssen Sie vorsichtig sein

Keine Kündigungsmöglichkeit vor Beginn des Arbeitsverhältnisses?

Zwischen dem Abschluss des Arbeitsvertrags und der Aufnahme Ihrer Tätigkeit kann ein längerer Zeitraum liegen. Wird Ihnen in diesem Zeitraum eine Stelle angeboten, die Ihnen mehr zusagt, werden Sie sich fragen, ob Sie diese Arbeitsstelle annehmen können oder ob Sie an den zuerst abgeschlossenen Vertrag gebunden sind.

Die Antwort ist klar: Der abgeschlossene Arbeitsvertrag ist für Sie verbindlich. Sie müssen ihn grundsätzlich erfüllen. Sie haben jedoch die Möglichkeit, den Arbeitsvertrag unter Einhaltung der gesetzlichen oder vertraglich vereinbarten Kündigungsfrist zu kündigen, wobei Sie die Kündigung schon vor Beginn des Arbeitsverhältnisses aussprechen können. Endet die Kündigungsfrist vor dem vereinbarten Beginn des Arbeitsverhältnisses, so ist der Weg für die andere Arbeitsstelle frei.

Beispiel: Kündigung vor Arbeitsantritt
Sie schließen am 01.03. einen Arbeitsvertrag über eine neue Stelle ab, die Sie am 01.05. antreten sollen. Am 18.03. erhalten Sie von einem anderen Betrieb ein besseres Angebot, das Sie annehmen möchten. Wenn Sie den Arbeitsvertrag unter Einhaltung der gesetzlichen Kündigungsfrist von vier Wochen zum 30.04. kündigen, dann endet das Arbeitsverhältnis quasi, bevor es angefangen hat.

Die Kündigungsmöglichkeit vor Beginn des Arbeitsverhältnisses kann jedoch im Arbeitsvertrag ausgeschlossen werden. Von dieser Möglichkeit machen die Arbeitgeber gerne Gebrauch. Wird ein solcher Kündigungsausschluss vereinbart, haben Sie keine Möglichkeit das Arbeitsverhältnis vor dessen Beginn zu kündigen. Sie müssen die Stelle antreten. Tun Sie dies nicht, können Sie von Ihrem Arbeitgeber wegen Nichterfüllung des Vertrags auf Schadensersatz verklagt werden.

Sind Sie zu Mehrarbeit und Überstunden verpflichtet?

Sie haben bereits erfahren, dass Sie nur dann verpflichtet sind Überstunden oder Mehrarbeit zu leisten, wenn dies vertraglich vereinbart ist oder wenn eine Notsituation dies erfordert. Damit der Arbeitgeber auf die unterschiedlichen betrieblichen Situationen flexibel reagieren kann, ist die Verpflichtung des Arbeitnehmers zur Leistung von Überstunden und Mehrarbeit oft in Arbeitsverträgen vorgesehen. Enthält Ihr Vertrag eine solche Klausel und ordnet Ihr Arbeitgeber Überstunden oder Mehrarbeit an, müssen Sie aufgrund der arbeitsvertraglichen Vereinbarung dieser Aufforderung nachkommen.

Nicht ohne besondere Vergütungen

Ist in Ihrem Arbeitsvertrag die Verpflichtung vorgesehen, Über- oder Mehrarbeit zu leisten, sollten im Gegenzug auch die Vergütung und der Zuschlag vereinbart werden.

■ Für Sie ausgesprochen nachteilig ist eine Regelung, wonach mit dem vereinbarten Bruttogehalt auch Überstunden und Mehrarbeit abgegolten sind. In diesem Fall erhalten Sie keinen Pfennig mehr, wenn Sie auf Anordnung Ihres Arbeitgebers Überstunden oder Mehrarbeit ableisten müssen. ■

Können Sie die Vergütung der zusätzlichen Arbeit bei Ihrem Arbeitgeber im Verhandlungswege nicht durchsetzen, sollten Sie zumindest versuchen die Anzahl der zusätzlichen Stunden, die mit dem vereinbarten Gehalt abgegolten sind, festzuschreiben.

Formulierungsbeispiel: Festlegung der Überstundenanzahl
„Durch die vereinbarte Bruttovergütung sind etwaige Über- oder Mehrarbeitsstunden bis zu einem Monatsdurchschnitt von … Stunden abgegolten."

Es ist auch möglich, zur Abgeltung von Mehrarbeit und Überstunden eine Pauschale zu vereinbaren, die zusätzlich zum Gehalt bezahlt wird. Zur Ihrer Absicherung sollte aber darüber hinaus im Vertrag festgehalten werden, für welche Anzahl von Über- und Mehrarbeitsstunden die Pauschale gedacht ist.

Formulierungsbeispiel: Überstundenpauschale
„Zur Abgeltung etwaiger Mehr- oder Überarbeitsstunden erhält Herr/Frau … eine monatliche Pauschale in Höhe von … DM. Die Parteien gehen im Jahresdurchschnitt von … Über- und Mehrarbeitsstunden im Monat aus.

Kann Sie Ihr Arbeitgeber beliebig versetzen?

Die Versetzungsklauseln gestatten es Ihrem Arbeitgeber, die Vertragsbedingungen durch anderslautende Weisungen abzuändern. Ihnen kann eine andere Tätigkeit oder ein anderer Arbeitsort zugewiesen werden. Auch eine Änderung der Arbeitszeiten ist möglich. Durch folgende Vereinbarung wird Ihrem Arbeitgeber beispielsweise ein umfassendes Weisungsrecht eingeräumt:

Formulierungsbeispiel: Versetzungsklausel

„Art, Ort und zeitliche Lage der von Herrn/Frau … zu erledigenden Arbeiten richten sich im Rahmen des Zumutbaren nach den betrieblichen Bedürfnissen des Arbeitgebers. Herrn/Frau … können daher auch anderweitige, seinen/ihren· Fähigkeiten entsprechende Aufgaben übertragen werden. Ebenso kann er/sie auch in einer anderen Abteilung/in einer anderen Betriebsstätte des Arbeitgebers beschäftigt werden."

Das Gehalt darf nicht vermindert werden

Eine Reduzierung des vereinbarten Gehalts darf durch die Ausübung des Versetzungsrechts nicht erfolgen, denn das Direktionsrecht des Arbeitgebers erstreckt sich nicht auf die zu zahlende Vergütung.

■ Ihr Arbeitgeber ist also nicht befugt, Ihnen aufgrund der Versetzungsklausel eine geringer bezahlte Tätigkeit zuzuweisen und Ihr Gehalt entsprechend zu kürzen. ■

Die Vereinbarung über die Änderung der Vergütung bei Zuweisung einer anderen Tätigkeit kann daher lediglich Bedeutung für eine Erhöhung der Vergütung haben.

Formulierungsbeispiel

„Der Arbeitgeber behält sich vor, Herrn/Frau … eine andere zumutbare Tätigkeit zuzuweisen, die seinen/ihren Vorkenntnissen entspricht. Macht er hiervon Gebrauch, so richtet sich nach Ablauf eines Monats die Vergütung nach der neu zugewiesenen Tätigkeit."

Dürfen Sie Ihr Einkommen abtreten?

Über Ihr – auch künftiges – Arbeitseinkommen können Sie auch insofern verfügen, als Sie es durch Vertrag auf eine andere Person übertragen können. Diese Person ist dann unmittelbar berechtigt, Ihr Gehalt bei Ihrem Arbeitgeber einzufordern. Diese Verfügung über Ihre Gehaltsforderung nennt man Abtretung.

■ Die Abtretung darf allerdings nicht Ihr gesamtes Arbeitseinkommen umfassen. Zum Schutz der Arbeitnehmer hat der Gesetzgeber die Regelung getroffen, dass Abtretungen, die den nicht pfändbaren Teil Ihres Arbeitseinkommens betreffen, unwirksam sind. Damit soll das Existenzminimum sichergestellt werden. Der Anteil Ihres Arbeitseinkommens, der über der Pfändungsfreigrenze liegt, unterliegt keiner gesetzlichen Beschränkung und kann daher in vollem Umfang abgetreten werden. ■

Beispiel: Abtretung

Sie wollen sich eine neue Wohnzimmereinrichtung anschaffen, haben aber nicht das Geld, um diese sofort zu bezahlen. Daher vereinbaren Sie mit dem Möbelhaus Ratenzahlung. Mit großer Wahrscheinlichkeit werden Sie in dem Ratenzahlungsvertrag eine Klausel finden, die besagt, dass zur Sicherung des Restkaufpreises Ihr pfändbares Arbeitseinkommen an das Möbelhaus abgetreten wird. Dieses wird sich selbstverständlich nicht sofort an Ihren Arbeitgeber wenden und die Überweisung eines Anteils Ihres Gehalts verlangen. Kommen Sie aber Ihren Ratenzahlungsverpflichtungen nicht mehr nach, wird das Möbelhaus sicher diesen Weg beschreiten.

Ihr Arbeitgeber muss die Gehaltsabtretung beachten und prüfen, welchen Betrag er an Sie und welchen er an Ihren Gläubiger ausbezahlen darf. Diese Prüfung führt bei Ihrem Arbeitgeber zu einem Kosten- und Arbeitsaufwand. Er ist ferner der Gefahr ausgesetzt, bei eventuellen Fehlern in der Bearbeitung der Lohnabtretung doppelt bezahlen zu müssen.

Aus diesem Grund findet sich in Arbeitsverträgen oft ein Abtretungsverbot. Diese Klausel hat zur Folge, dass Sie Ihr Gehalt nicht mehr abtreten können. Die Abtretung ist unwirksam.

■ Schauen Sie unbedingt vorsorglich in Ihren Arbeitsvertrag, bevor Sie Verträge mit Gehaltsabtretungen unterzeichnen. ■

Wie ist das mit Gehaltspfändungen?

Auch Gehaltspfändungen verursachen Ihrem Arbeitgeber Kosten und Mehrarbeit. Diese Kosten müssen Sie ihm im Falle eines Falles nur dann erstatten, wenn dies vertraglich vereinbart wurde. Die Vereinbarung angemessener Kostenpauschalen ist zulässig.

Formulierungsbeispiele: Gehaltspfändung

„Herr/Frau ... trägt die Kosten, die dem Arbeitgeber durch Gehaltspfändungen entstehen."

„Die Kosten sind pauschaliert und betragen für jede zu berechnende Pfändung ... DM und pro erforderlicher Überweisung ... DM."

„Zur Deckung der Kosten für die Bearbeitung von Gehaltspfändungen werden 3 % des jeweils einbehaltenen und an den Gläubiger abgeführten Betrags berechnet."

Was hat es mit der Vertragsstrafe auf sich?

Durch die Vereinbarung einer Vertragsstrafe verpflichten Sie sich, an Ihren Arbeitgeber einen gewissen Geldbetrag als Strafe zu bezahlen, wenn Ihnen schuldhaft ein bestimmtes arbeitsvertragliches Fehlverhalten zur Last gelegt werden kann.

Die Vertragsstrafe gibt Ihrem Arbeitgeber einerseits ein erhebliches Druckmittel in die Hand, andererseits wird er in die Lage versetzt sich bei einer Vertragsverletzung bei Ihnen schadlos zu halten, ohne den Eintritt eines Schadens nachweisen zu müssen.

Vertragsstrafen nur unter bestimmten Voraussetzungen

Allerdings sind Vertragsstrafenregelungen nicht ohne weiteres zulässig. Voraussetzung ist stets, dass Ihr Arbeitgeber ein berechtigtes Interesse an der Vereinbarung einer Vertragsstrafe hat. Ein solches wird zum Beispiel anerkannt, wenn damit der Arbeitsantritt bei Beginn des Arbeitsverhältnisses oder die Einhaltung der Kündigungsfrist im Falle der Beendigung des Arbeitsverhältnisses sichergestellt werden soll.

Eine weitere Zulässigkeitsvoraussetzung ist, dass die Höhe der Strafe in einem angemessenen Verhältnis zum Verdienst steht. Eine Vertragsstrafe in Höhe von ein bis zwei Monatsgehältern wird durchaus als zulässig angesehen.

Möchten Sie die neue Stelle nicht mehr antreten, weil Sie etwas Besseres gefunden haben, sollten Sie Ihren Arbeitsvertrag genau prüfen. Ist dort die Kündigungsmöglichkeit vor Beginn des Arbeitsverhältnisses ausgeschlossen und eine Vertragsstrafe für den Fall der Nichtaufnahme der Tätigkeit vereinbart, haben Sie erhebliche finanzielle Nachteile, wenn Sie vertragswidrig die Arbeit nicht antreten. Sie sollten sich in einem solchen Fall genau überlegen, ob Sie nicht besser die Stelle antreten und kurz darauf kündigen. Ist eine Probezeit vereinbart, müssen Sie in der Regel nur die kurze Kündigungsfrist von zwei Wochen einhalten. Sie können das Unternehmen schnell wieder verlassen, um sodann die andere Stelle anzutreten.

■ Wurde die Kündigungsmöglichkeit vor Beginn des Arbeitsverhältnisses nicht ausgeschlossen, können Sie selbstverständlich die Kündigung aussprechen und müssen die Stelle nicht antreten, wenn die Kündigungsfrist vor dem vertraglichen Arbeitsbeginn endet. Die Vertragsstrafenregelung kann in diesem Fall nicht greifen, denn Sie haben sich vertragsgerecht verhalten, indem Sie ordnungsgemäß gekündigt haben. ■

Wurde eine unangemessen hohe Vertragsstrafe vereinbart, haben Sie die Möglichkeit, den Rechtsweg zu beschreiten und die Vertragsstrafe durch Gerichtsurteil auf den angemessenen Betrag herabsetzen zu lassen.

■ Da eine Vertragsstrafenklausel, die eine unverhältnismäßig hohe Vertragsstrafe vorsieht, nicht unwirksam ist, sondern die Strafe allenfalls auf einen angemessenen Betrag herabzusetzen ist, wird auf Arbeitgeberseite gerne nach der Devise gehandelt, im Zweifel eher eine zu hohe Vertragsstrafe in Ansatz zu bringen, um dem Arbeitnehmer eine drastische Sanktion vor Augen halten zu können. ■

Können Gratifikationen gekürzt oder gar von Ihnen zurückverlangt werden?

Zahlt Ihr Arbeitgeber Gratifikationen auf freiwilliger Basis, kann er sie bei Fehlzeiten kürzen; eine solche vertragliche Vereinbarung ist zulässig. Hierunter fallen auch die Zeiten, in denen Sie aufgrund unverschuldeter Erkrankung nicht arbeiten. Grundsätzlich kann Ihr Arbeitgeber die Gratifikation pro Fehltag um 1/60 kürzen. Bei krankheitsbedingten Fehlzeiten sind der Kürzung jedoch weitere Grenzen gesetzt. Sie darf für jeden Tag Ihrer Arbeitsunfähigkeit ein Viertel Ihres durchschnittlichen Tagesentgelts nicht überschreiten.

Formulierungsbeispiel

„Die Gratifikation wird nur dann gezahlt, wenn Herr/Frau … an den möglichen Arbeitstagen tatsächlich gearbeitet hat. Für Fehlzeiten wird die Gratifikation unabhängig davon, ob während der Fehlzeit Entgeltansprüche bestehen, um 1/60 pro Fehltag gekürzt. Bei Arbeitsunfähigkeit infolge Krankheit ist die Kürzung der Höhe nach beschränkt auf ein Viertel des Arbeitsentgelts, das im Jahresdurchschnitt auf einen Arbeitstag entfällt."

Wann müssen Sie eine Gratifikation zurückbezahlen?

Gratifikationen mit denen auch die Betriebstreue belohnt werden soll, müssen Sie im Falle der Beendigung des Arbeitsverhältnisses nur dann an Ihren Arbeitgeber zurückzahlen, wenn die Rückzahlung ausdrücklich vereinbart wurde.

■ Sind in der Rückzahlungsklausel der Bindungszeitraum und die Rückzahlungsvoraussetzungen nicht klar und eindeutig geregelt, ist sie unwirksam. In diesem Fall müssen Sie die Gratifikation nicht zurückbezahlen, auch wenn Ihr Arbeitgeber es von Ihnen verlangt. ■

Für die Wirksamkeit einer Rückzahlungsklausel gelten folgende Regeln:

- Bei Gratifikationen bis 200 DM darf keine Rückzahlung vereinbart werden.
- Bei Gratifikationen, die 200 DM übersteigen, aber kein Monatsgehalt erreichen, ist eine Bindungsfrist bis zum 31.03. des Folgejahres zulässig.
- Beträgt die Gratifikation ein Monatsgehalt oder mehr, darf die Bindungsfrist bis zum 30.06. des Folgejahres reichen.

Beispiel: Rückzahlung von Gratifikationen

Ist in Ihrem Arbeitsvertrag eine Gratifikation in Höhe eines halben Monatsgehalts vereinbart, die Sie zurückzahlen müssen, wenn Sie bis zum 31.03. des Folgejahres aus dem Betrieb ausscheiden, so können Sie die Kündigung des Arbeitsverhältnisses bereits vor dem 31.03. aussprechen. Entscheidend für die Rückzahlungsverpflichtung ist nicht der Zeitpunkt der Kündigungserklärung, sondern der Zeitpunkt der Beendigung des Arbeitsverhältnisses. Sie können daher mit Ablauf des 31.03. aus dem Betrieb ausscheiden, ohne die Gratifikation zu verlieren.

Dürfen Sie einer Nebentätigkeit nachgehen?

Möchten Sie sich neben Ihrem Gehalt noch etwas hinzuverdienen? Dann taucht die Frage auf, ob Sie die Zustimmung Ihres Arbeitgebers einholen müssen.

Ist in Ihrem Arbeitsvertrag keine Zustimmungsvereinbarung getroffen worden, können Sie ohne Rücksprache mit Ihrem Arbeitgeber eine Nebentätigkeit aufnehmen. Denn Sie schulden Ihrem Arbeitgeber Ihre Arbeitskraft nur während der vereinbarten Arbeitszeit. In Ihrer Freizeit können Sie tun und lassen, was Sie wollen, also auch einer weiteren bezahlten Tätigkeit nachgehen.

Wird in Ihrem Arbeitsvertrag die Aufnahme einer Nebenbeschäftigung von der Zustimmung Ihres Arbeitgebers abhängig gemacht, so müssen Sie diese einholen. Das bedeutet aber nicht, dass Sie auf das Wohlwollen Ihres Arbeitgebers angewiesen sind. Er darf die Zustimmung vielmehr nur dann verweigern, wenn durch Ihre Nebentätigkeit die Belange des Betriebs beeinträchtigt werden. Dies ist beispielsweise der Fall, wenn

- Sie durch Ihre Nebentätigkeit so in Anspruch genommen werden, dass Sie nicht mehr in der Lage sind, Ihre Pflichten gegenüber Ihrem Arbeitgeber ordnungsgemäß zu erfüllen;
- Sie durch Ihre Nebentätigkeit die gesetzlich vorgeschriebene Höchstgrenze der Arbeitszeit überschreiten;
- Sie durch Ihre Nebentätigkeit in Konkurrenz zu Ihrem Arbeitgeber treten.

Werden die Interessen Ihres Arbeitgebers durch Ihre Nebentätigkeit nicht beeinträchtigt, muss er die Zustimmung zu Ihrer Nebentätigkeit erteilen.

Formulierungsbeispiel: Nebentätigkeit

„Herr/Frau ... darf eine Nebenbeschäftigung nur mit ausdrücklicher Zustimmung des Arbeitgebers übernehmen.

Die Zustimmung ist zu erteilen, wenn die Nebentätigkeit die vertraglich geschuldete Leistung nicht beeinträchtigt, sich die Gesamtarbeitszeit im

Rahmen des Arbeitszeitgesetzes hält und die Tätigkeit nicht für ein Konkurrenzunternehmen ausgeübt wird."

Ausschlussfristen und was sie bewirken

Ist in Ihrem Vertrag eine Ausschlussfrist – auch Verfallfrist genannt – vereinbart, können Sie Ihre Ansprüche aus dem Arbeitsverhältnis nicht bis zum Eintritt der gesetzlichen Verjährung geltend machen. Sie müssen vielmehr die meist wesentlich kürzere Ausschlussfrist einhalten, um Ihre Rechte, etwa Gehaltsforderungen, nicht zu verlieren.

> ■ Unangemessen kurz darf die Ausschlussfrist allerdings nicht sein. In der Regel darf eine Mindestfrist von zwei Monaten nicht unterschritten werden.   ■

Wann beginnt die Ausschlussfrist?

Wann die Ausschlussfrist zu laufen beginnt, hängt von der Regelung in der Klausel ab. Meist beginnt sie mit der Fälligkeit des Anspruchs. Sie kann aber auch mit der Beendigung des Arbeitsverhältnisses, mit der Entstehung des Anspruchs oder mit der Ablehnung durch den Anspruchsgegner einsetzen.

Auch die Reichweite der Ausschlussfrist kann unterschiedlich gestaltet werden. Sie kann sich auf nur einzelne Rechte beschränken oder sämtliche Ansprüche aus dem Arbeitsverhältnis umfassen.

Für wen gilt die Ausschlussfrist?

■ Besagt die Ausschlussklausel, dass Lohn- und Gehaltsansprüche innerhalb der genannten Frist geltend zu machen sind, so werden von der Ausschlussfrist nur Ihre diesbezüglichen Ansprüche gegen den Arbeitgeber erfasst. Für Ihren Arbeitgeber gilt die Ausschlussfrist nicht; er kann sich mit der Geltendmachung von Ansprüchen, die ihm eventuell gegen Sie zustehen, Zeit lassen.

■ Sieht die Klausel vor, dass nach Ablauf der Frist alle Ansprüche aus dem Arbeitsvertrag erlöschen oder verfallen, gilt die Klausel sowohl für Sie als auch für Ihren Arbeitgeber. Sie müssen beide die Frist beachten.

Formulierungsbeispiel: Ausschlussfrist

„Sämtliche Ansprüche aus dem Arbeitsverhältnis erlöschen, wenn sie nicht innerhalb von … Monaten nach der Fälligkeit gegenüber der anderen Vertragspartei schriftlich geltend gemacht werden.

Lehnt die Gegenseite den Anspruch ab, so verfällt dieser, wenn er nicht innerhalb von … Monaten nach der Ablehnung gerichtlich geltend gemacht wird. Diese Regelung gilt entsprechend, wenn sich die Gegenpartei nicht innerhalb von … Wochen zu dem geltend gemachten Anspruch erklärt. Die Klagefrist beginnt mit Ablauf der Erklärungsfrist von … Wochen."

■ Auf Ausschlussfristen müssen Sie besonders achten. Haben Sie übersehen, dass in Ihrem Arbeitsvertrag eine Ausschlussfrist vereinbart ist und machen Sie deshalb Ihre Ansprüche erst nach Ablauf der vereinbarten Frist geltend, können Sie sich nicht darauf berufen, von der Ausschlussfrist keine Kenntnis gehabt zu haben. Ihre Ansprüche sind unwiederbringlich verloren.   ■

Inwiefern besteht ein Wettbewerbsverbot?

Während der Dauer des Arbeitsverhältnisses ist es Ihnen untersagt, mit Ihrem Arbeitgeber in Wettbewerb zu treten.

Beispiel

Sind Sie als Schreinermeister in einem Betrieb angestellt, der Möbel produziert, so dürfen Sie in Ihrer Freizeit keine Möbel aus der Produktpalette Ihres Arbeitgebers herstellen und verkaufen oder eine Nebentätigkeit für ein Konkurrenzunternehmen ausüben.

Nach der Beendigung des Arbeitsverhältnisses gilt dieses Wettbewerbsverbot nicht mehr. Sie können also bei einem Konkurrenzunternehmen eine Arbeitsstelle antreten oder selbst ein solches Unternehmen gründen.

Möchte Ihr Arbeitgeber dies verhindern, so muss er mit Ihnen schriftlich ein nachvertragliches Wettbewerbsverbot vereinbaren. Durch diese Vereinbarung verpflichten Sie sich, nach Beendigung des Arbeitsverhältnisses keiner Wettbewerbstätigkeit nachzugehen. Hierfür erhalten Sie von Ihrem Arbeitgeber eine Entschädigung, die Karenzentschädigung genannt wird.

Formulierungsbeispiel: Wettbewerbsverbot

„Herr/Frau ... verpflichtet sich, für die Dauer von ... Monaten nach Beendigung des Arbeitsverhältnisses weder für ein Konkurrenzunternehmen tätig zu sein noch ein solches Unternehmen zu errichten oder sich an einem solchen zu beteiligen. Das Wettbewerbsverbot erstreckt sich räumlich auf das Bundesland ...

Für die Dauer des Wettbewerbsverbots verpflichtet sich der Arbeitgeber, an Herrn/Frau ... 50 (75; 100) % der zuletzt gewährten vertragsgemäßen Leistung zu bezahlen.

Wie hoch ist die Karenzentschädigung?

Als Karenzentschädigung muss mindestens die Hälfte des zuletzt bezogenen Arbeitsentgelts vereinbart werden, wobei neben dem Gehalt auch Provisionen, Gratifikationen sowie gewährte Sachbezüge zu berücksichtigen sind.

■ Da Sie durch ein nachvertragliches Wettbewerbsverbot in Ihrem beruflichen Fortkommen erheblich beeinträchtigt werden können, sollten Sie sich nicht mit dieser Mindestentschädigung abspeisen lassen. Die Vereinbarung einer höheren Karenzentschädigung ist möglich und zu empfehlen. ■

Verdienen Sie während des Zeitraums, in dem Karenzentschädigung gezahlt wird, durch eine andere Tätigkeit etwas oder hätten Sie jedenfalls die Möglichkeit dazu und nehmen sie böswillig nicht wahr, so werden Ihnen diese Beträge auf die Karenzentschädigung angerechnet. Die Anrechnung erfolgt aber nur dann, wenn Ihr Einkommen zuzüglich der Karenzentschädigung das zuletzt von Ihrem Arbeitgeber an Sie gezahlte Arbeitsentgelt um mehr als zehn Prozent übersteigt.

■ Ein Wettbewerbsverbot, das ohne Karenzentschädigung vereinbart wird, ist unwirksam! ■

Wurde die Karenzentschädigung in zu geringer Höhe zugesagt, ist das nachvertragliche Wettbewerbsverbot für Sie unverbindlich. Dies bedeutet, dass Ihnen ein Wahlrecht zusteht. Sie können

■ entweder das Wettbewerbsverbot nicht beachten und eine Konkurrenztätigkeit aufnehmen

- oder das Wettbewerbsverbot einhalten und die zu geringe Karenzentschädigung akzeptieren.

Was bedeutet ein bedingtes Wettbewerbsverbot?

Die Entschädigungszahlung stellt für die Arbeitgeber eine finanzielle Belastung dar. Daher möchten sie sich gerne die Möglichkeit offen halten, vor oder nach der Beendigung des Arbeitsverhältnisses auf das Wettbewerbsverbot zu verzichten und dadurch die Zahlungsverpflichtung zu umgehen. Im Arbeitsvertrag findet sich dann beispielsweise folgende Formulierung:

Formulierungsbeispiel: Bedingtes Wettbewerbsverbot
„Der Arbeitgeber ist ohne Zustimmung des Arbeitnehmers berechtigt, vor oder nach Beendigung des Arbeitsverhältnisses auf das Wettbewerbsverbot zu verzichten."

Ein solches Wettbewerbsverbot ist für Sie nicht verbindlich, denn Ihr Arbeitgeber hat sich nicht definitiv verpflichtet die Karenzentschädigung zu zahlen. Sie können sich bei Beendigung des Arbeitsverhältnisses entscheiden, ob Sie sich von dem Wettbewerbsverbot lösen möchten oder ob Sie es einhalten und die vereinbarte Karenzentschädigung beanspruchen.

Wie weit reicht das Wettbewerbsverbot?

Das Wettbewerbsverbot kann für einen Zeitraum von höchstens zwei Jahren vereinbart werden.

Für welchen örtlichen Bereich das Wettbewerbsverbot gilt, richtet sich nach der getroffenen Vereinbarung. Es kann sich beispielsweise auf das gesamte Bundesgebiet erstrecken oder nur auf einen bestimmten Bezirk.

Zu beachten ist jedoch immer, dass das vereinbarte Wettbewerbsverbot stets dem Schutz eines berechtigten geschäftlichen Interesses Ihres Arbeitgebers dienen muss.

Wann wird ein Wettbewerbsverbot unwirksam?

Ein zunächst wirksam vereinbartes Wettbewerbsverbot wird in folgenden Fällen unwirksam:

- Wenn Sie das Arbeitsverhältnis beenden, weil Ihr Arbeitgeber sich vertragswidrig verhalten hat, und innerhalb eines Monats nach der Kündigung gegenüber Ihrem Arbeitgeber schriftlich erklären, dass Sie sich an die Vereinbarungen nicht gebunden erachten, verliert das Wettbewerbsverbot seine Gültigkeit.

- Spricht Ihr Arbeitgeber die ordentliche Kündigung des Arbeitsverhältnisses aus, so können Sie sich ebenfalls innerhalb eines Monats durch schriftliche Erklärung von dem Verbot lossagen. Diese Möglichkeit besteht jedoch nicht, wenn für die Kündigung ein erheblicher Anlass in Ihrer Person vorlag oder wenn sich Ihr Arbeitgeber bei der Kündigung bereit erklärt, Ihnen für die Dauer der Beschränkung Ihre vollen Bezüge weiter zu gewähren.

- Ihr Arbeitgeber kann vor Beendigung des Arbeitsverhältnisses durch schriftliche Erklärung auf das Wettbewerbsverbot verzichten. Er wird dann mit Ablauf eines Jahres seit der Erklärung von der Verpflichtung zur Zahlung der Karenzentschädigung frei.

Checkliste: Günstige und ungünstige Regelungen aus Sicht des Arbeitnehmers

Prüfen Sie vor der Aushandlung des Arbeitsvertrags oder spätestens, bevor Sie ihn unterschreiben, noch einmal anhand der folgenden Checkliste, welche Regelungen für Sie günstig sind. Diese sollten möglichst in den Arbeitsvertrag aufgenommen werden. Die für Sie ungünstigen Regelungen sind in Ihrem Interesse zu vermeiden. In den Vertragsmustern ab Seite 96 finden Sie dazu die gängigsten Formulierungen. Die für Sie ungünstigen Klauseln können Sie dort am Kursivsatz sofort erkennen.

Günstige Regelungen	Ungünstige Regelungen
– Arbeitsort – Arbeitszeit – Arbeitszeitzuschläge – Beginn des Arbeitsverhältnisses – Gehaltserhöhungen – Genaue Tätigkeitsbeschreibung, wenn Sie keine andere Tätigkeit ausüben möchten – Gratifikationsvereinbarungen – Lohnfortzahlung im Krankheitsfall – Urlaubsdauer – Urlaubsübertragung – Vergütung	– Abtretungsverbot – Ausschluss der Kündigungsmöglichkeit vor Beginn des Arbeitsverhältnisses – Ausschlussfristen – Eingeschränktes Nebentätigkeitsverbot – Kostenklausel bei Gehaltspfändung – Kürzung und Rückzahlung von Gratifikationen – Verpflichtung zu Mehrarbeit und Überstunden ohne Vergütungsregelung – Vertragsstrafe – Versetzungsklausel – Wettbewerbsverbot

Was Sie bei der Probezeit beachten müssen

Kaum ein Arbeitsvertrag wird ohne Probezeit abgeschlossen. Das Probearbeitsverhältnis soll sowohl Ihnen als auch Ihrem Arbeitgeber die Möglichkeit geben zu prüfen, ob eine längerfristige Zusammenarbeit in Betracht kommt.

Die Dauer der Probezeit beträgt üblicherweise drei bis sechs Monate. Ist die Beurteilung der Arbeitsleistung innerhalb einer solchen Zeit nicht möglich, kann auch eine längere Probezeit vereinbart werden.

Die Probezeit kann als befristetes Arbeitsverhältnis oder als unbefristetes Arbeitsverhältnis mit vorgeschalteter Probezeit ausgestaltet werden.

Wenn das Probearbeitsverhältnis befristet ist

Formulierungsbeispiel: Probezeit
„Der Arbeitsvertrag wird für die Dauer von drei Monaten zur Probe geschlossen. Er endet mit Ablauf der Probezeit, wenn er nicht zuvor verlängert wird. Das Arbeitsverhältnis kann während der Probezeit mit einer Frist von zwei Wochen gekündigt werden."

Hier wurde das Probearbeitsverhältnis als befristetes Arbeitsverhältnis abgeschlossen. Somit endet es nach Ablauf der Probezeit, sofern es nicht zuvor verlängert wurde.

Da das Probearbeitsverhältnis mit Zeitablauf endet, muss Ihr Arbeitgeber keine Kündigung aussprechen. Er muss Sie in der Regel auch nicht darauf hinweisen, dass er nicht beabsichtigt, das Arbeitsverhältnis zu verlängern. Es kann also die Situation eintreten, dass Sie bis zum letzten Tag der Probezeit im Ungewissen darüber gelassen werden, ob der Vertrag verlängert wird oder nicht – was für Sie natürlich einen erheblichen Nachteil bedeutet.

Wird das Arbeitsverhältnis nicht verlängert, können Sie der Beendigung des Arbeitsverhältnisses auch keine Kündigungsbeschränkungen, zum Beispiel nach dem Mutterschutzgesetz, entgegenhalten.

Während der Dauer des befristeten Probearbeitsverhältnisses kann eine ordentliche Kündigung normalerweise nicht ausgesprochen werden. Allerdings ist es zulässig und auch durchaus üblich, diese Möglichkeit vertraglich zu vereinbaren wie im obigen Formulierungsbeispiel.

■ Wurde die Möglichkeit der ordentlichen Kündigung während der Dauer des befristeten Probearbeitsverhältnisses vereinbart und macht Ihr Arbeitgeber von dieser Kündigungsmöglichkeit keinen Gebrauch, so besagt dies nicht, dass das Arbeitsverhältnis verlängert wird. Es endet auch dann mit Ablauf der vereinbarten Probezeit. Die Vereinbarung, das Probearbeitsverhältnis ordnungsgemäß kündigen zu können, eröffnet Ihnen und Ihrem Arbeitgeber nur die Möglichkeit es vor dem vereinbarten Zeitablauf zu beenden. ■

Günstiger: das unbefristete Arbeitsverhältnis mit vorgeschalteter Probezeit

Formulierungsbeispiel: Vorgeschaltete Probezeit

„Die ersten drei Monate gelten als Probezeit. Das Arbeitsverhältnis kann während der Probezeit mit einer Frist von zwei Wochen gekündigt werden."

Wird ein unbefristetes Arbeitsverhältnis mit Probezeit vereinbart, so endet dieses nur, wenn es gekündigt wird. Während
der vereinbarten Probezeit, längstens jedoch für die Dauer von
sechs Monaten, kann das Arbeitsverhältnis unter Einhaltung
einer Frist von zwei Wochen gekündigt werden. Die Kündigung kann also an jedem beliebigen Tag erfolgen und bewirkt,
dass das Arbeitsverhältnis zwei Wochen später endet.

Zur wirksamen Beendigung des Arbeitsverhältnisses ist die
Einhaltung der kurzen Kündigungsfrist auch dann ausreichend, wenn der Beendigungszeitpunkt nach Ablauf der Probezeit liegt. Entscheidend ist nur, dass die Kündigung noch
während der Probezeit ausgesprochen wird. Beispielsweise
kann am vorletzten Tag der Probezeit das Arbeitsverhältnis
unter Einhaltung der Kündigungsfrist von zwei Wochen
gekündigt werden.

> ■ Beim unbefristeten Arbeitsverhältnis mit vorgeschalteter Probezeit
> gelten zu Ihren Gunsten die allgemeinen und die besonderen Kündi-
> gungsschutzvorschriften, sofern diese eingreifen.   ■

Welche Kündigungsfristen gelten?

Wird das Arbeitsverhältnis durch ordentliche Kündigung beendet, müssen die gesetzlichen oder die im Arbeitsvertrag
vereinbarten Kündigungsfristen eingehalten werden. Daher
sollten Sie nicht nur die gesetzlichen Kündigungsfristen genau kennen, sondern vor allem auch darauf achten, welche
Kündigungsfristen im Arbeitsvertrag vereinbart werden.

Welches sind die gesetzlichen Kündigungsfristen?

Das Gesetz schreibt folgende Kündigungsfristen vor:

■ Während der Dauer der Probezeit, höchstens jedoch für die Dauer von sechs Monaten, beträgt die Kündigungsfrist zwei Wochen.

■ Nach Ablauf der Probezeit oder wenn keine Probezeit vereinbart wurde, beträgt die Grundkündigungsfrist vier Wochen zum 15. eines Monats oder vier Wochen zum Ende eines Kalendermonats.

Diese Kündigungsfristen gelten sowohl für Sie als auch für Ihren Arbeitgeber.

Die Kündigungsfrist verlängert sich für Ihren Arbeitgeber, wenn Ihr Arbeitsverhältnis in dem Betrieb oder Unternehmen zwei Jahre oder länger bestanden hat. Wenn Sie hingegen das Arbeitsverhältnis kündigen möchten, müssen Sie nur die Grundkündigungsfrist einhalten. Die von Ihnen einzuhaltende Kündigungsfrist verlängert sich nicht durch eine lange Betriebszugehörigkeit. Im Einzelnen hat Ihr Arbeitgeber folgende gesetzliche Kündigungsfrist einzuhalten:

Gesetzliche Kündigungsfristen

Dauer des Arbeitsverhältnisses	Kündigungsfrist
2 Jahre	1 Monat zum Ende eines Kalendermonats
5 Jahre	2 Monate zum Ende eines Kalendermonats
8 Jahre	3 Monate zum Ende eines Kalendermonats
10 Jahre	4 Monate zum Ende eines Kalendermonats
12 Jahre	5 Monate zum Ende eines Kalendermonats
15 Jahre	6 Monate zum Ende eines Kalendermonats
20 Jahre	7 Monate zum Ende eines Kalendermonats

Bei der Berechnung der Beschäftigungsdauer werden allerdings die Zeiten, die vor Vollendung Ihres 25. Lebensjahres liegen, nicht berücksichtigt.

Beispiel
Sind Sie im Alter von 21 Jahren in den Betrieb eingetreten und möchte Ihr
Arbeitgeber fünf Jahre später das Arbeitsverhältnis kündigen, muss er nur
die Grundkündigungsfrist einhalten. Diese hat sich trotz einer Betriebszugehörigkeit von fünf Jahren nicht verlängert, weil die vier Beschäfti-
gungsjahre, die Sie vor Vollendung Ihres 25. Lebensjahres absolviert haben, nicht berücksichtigt werden.

Wenn Sie im Arbeitsvertrag eigene Kündigungsfristen vereinbaren

Im Arbeitsvertrag können längere als die gesetzlichen Kündigungsfristen vereinbart werden. Zu berücksichtigen ist jedoch, dass die von Ihnen einzuhaltende Kündigungsfrist nicht
länger sein darf als die Frist, die Ihr Arbeitgeber einhalten

muss. Demgegenüber ist durchaus eine Vereinbarung möglich, die für Ihren Arbeitgeber eine längere Kündigungsfrist als für Sie vorsieht.

Beispiel

Eine Vereinbarung in Ihrem Arbeitsvertrag, die für Sie eine Kündigungsfrist von sechs Monaten, für Ihren Arbeitgeber jedoch nur eine solche von drei Monaten vorsieht, ist nicht zulässig. Die umgekehrte Regelung ist jedoch erlaubt.

Eine Verkürzung der gesetzlichen Kündigungsfristen im Arbeitsvertrag ist nur in einem der folgenden Fälle gestattet:

- Sie sind nur vorübergehend zur Aushilfe eingestellt. Hier kann eine Kündigungsfrist von weniger als vier Wochen ohne Endtermin (15. oder Ende des Kalendermonats) vereinbart werden. Dies gilt allerdings nur für einen Zeitraum von drei Monaten. Wird das Arbeitsverhältnis über die Zeit von drei Monaten fortgesetzt, muss die Grundkündigungsfrist eingehalten werden.

- Ihr Arbeitgeber hat in der Regel nicht mehr als 20 Arbeitnehmer (Auszubildende werden nicht mitgezählt) beschäftigt. In diesem Fall darf die Kündigungsfrist zwar vier Wochen nicht unterschreiten, jedoch darf auch hier von den Endterminen der Grundkündigungsfrist (15. oder Ende des Kalendermonats) abgewichen werden. Bei Vereinbarung einer Kündigungsfrist von vier Wochen endet das Arbeitsverhältnis dann vier Wochen nach Zugang der Kündigung.

Wie ist das mit der fristlosen Kündigung?

Wird eine außerordentliche Kündigung ausgesprochen, müssen weder gesetzliche noch im Arbeitsvertrag vereinbarte Kündigungsfristen eingehalten werden. Die Kündigungsfristen, die also in Ihrem Arbeitsvertrag stehen, gelten nur für die ordentliche Kündigung.

Im Regelfall wird die außerordentliche Kündigung fristlos ausgesprochen. Das Arbeitsverhältnis endet dann mit dem Zugang der Kündigungserklärung. Sie kann aber auch mit einer Auslauffrist erklärt werden. In diesem Fall endet das Arbeitsverhältnis zu dem angegebenen Zeitpunkt. Die außerordentliche Kündigung kann sowohl vom Arbeitgeber als auch vom Arbeitnehmer erklärt werden. Voraussetzung ist aber immer, dass ein wichtiger Grund vorliegt.

Außerordentliche Kündigung

Wichtige Gründen von Seiten Ihres Arbeitgebers	Wichtige Gründe von Ihrer Seite
– Diebstahl, Betrug oder sonstige schwere Straftaten zum Nachteil Ihres Arbeitgebers; – Verrat von Geschäftsgeheimnissen; – eigenmächtiger Antritt oder Verlängerung des Urlaubs; – ungerechtfertigtes und unentschuldigtes Fernbleiben von der Arbeit über mehrere Tage – usw.	– Nichtzahlung des Gehalts; – tätlicher Angriff durch den Arbeitgeber; – grobe Beleidigung oder Kränkung; – ständige und erhebliche Überschreitung der gesetzlichen Höchstarbeitszeit – usw.

Wann kann die außerordentliche Kündigung erklärt werden?

Die außerordentliche Kündigung ist nur unter bestimmten Voraussetzungen rechtens. Dies ist für Sie wichtig, da Klauseln im Vertrag, die die Möglichkeit der außerordentlichen Kündigung einschränken oder erweitern, unwirksam sind (siehe dazu auch das folgende Kapitel, Seite 76f).

Die außerordentliche Kündigung kann nur innerhalb einer Frist von zwei Wochen erklärt werden. Diese Frist beginnt mit dem Zeitpunkt, in dem der Kündigungberechtigte von dem maßgeblichen Fehlverhalten Kenntnis erlangt. Die Kündigungserklärungsfrist ist deshalb so kurz bemessen, um dem Betroffenen baldmöglichst Klarheit darüber zu geben, ob ein bestimmter Vorfall die außerordentliche Kündigung des Arbeitsverhältnisses nach sich zieht. Wird die außerordentliche Kündigung erst nach Ablauf dieser Frist ausgesprochen, ist sie unwirksam, auch wenn der Kündigungsgrund noch so schwerwiegend ist.

■ Wirft Ihr Arbeitgeber Ihnen begründeterweise ein schwerwiegendes Fehlverhalten vor, dann können Sie nach Ablauf der Kündigungserklärungsfrist von zwei Wochen keineswegs aufatmen und davon ausgehen, dass das Arbeitsverhältnis weiter fortgesetzt wird. Ihr Arbeitgeber hat immer noch die Möglichkeit, das Arbeitsverhältnis unter Einhaltung der Kündigungsfrist ordentlich zu kündigen.   ■

Muss der Kündigungsgrund angegeben werden?

Der Kündigungsgrund muss in der Kündigung nicht angegeben werden. Die Erklärung Ihres Arbeitgebers: „Hiermit kündige ich das Arbeitsverhältnis fristlos" ist wirksam und führt zur sofortigen Beendigung des Arbeitsverhältnisses, sofern tatsächlich ein wichtiger Grund vorliegt, der die fristlose Kündigung rechtfertigt.

Sie können jedoch die Bekanntgabe des Kündigungsgrundes verlangen. Ihr Arbeitgeber muss ihn Ihnen dann unverzüglich schriftlich mitteilen, damit Sie die Erfolgsaussichten einer Kündigungsschutzklage vor dem Arbeitsgericht überprüfen können. Kommt er dieser Mitteilungspflicht nicht nach, führt auch dies nicht dazu, dass die Kündigung unwirksam wird. Es stehen Ihnen jedoch gegen Ihren Arbeitgeber Schadensersatzansprüche zu, wenn Sie einen aussichtslosen Kündigungsschutzprozess anstrengen, weil Ihnen der wahre Kündigungsgrund nicht bekannt gegeben wurde.

■ Wird Ihr Arbeitsverhältnis ohne Angabe von Gründen fristlos gekündigt, sollten Sie unbedingt die Bekanntgabe des Kündigungsgrundes verlangen, auch wenn tatsächlich ein Fehlverhalten Ihrerseits vorliegt. Nicht jede Vertragsverletzung berechtigt Ihren Arbeitgeber zur außerordentlichen Kündigung. Reagiert er auf Ihre Aufforderung nicht, sollten Sie innerhalb einer Frist von drei Wochen beim Arbeitsgericht Kündigungsschutzklage erheben. Versäumen Sie diese Klagefrist, ist die außerordentliche Kündigung wirksam, auch wenn tatsächlich kein wichtiger Grund vorgelegen hat. ■

So nehmen Sie Nachbesserungen in Angriff

Wenn mündliche Zusagen nicht im Vertrag festgehalten sind

Wird Ihnen von Ihrem Arbeitgeber der schriftliche Vertrag zur Unterschrift vorgelegt, sollten Sie ihn nicht blind unterzeichnen. Ein solches Vertrauen könnte sich als fatal herausstellen – zum Beispiel, wenn Zusagen, die Ihnen im Rahmen der Vertragsverhandlung gegeben wurden, sich im Vertrag nirgends finden. Es wird nämlich vermutet, dass der Inhalt Ihres schriftlichen Arbeitsvertrags vollständig und richtig ist. Möchten Sie sich auf eine Zusage Ihres Arbeitgebers berufen, die nicht im schriftlichen Vertrag festgehalten ist, müssen Sie im Streitfall beweisen, dass diese Zusage tatsächlich gemacht wurde. Diesen Beweis werden Sie oft nicht erbringen können. Aus der mündlichen Zusage können Sie dann keinerlei Rechte herleiten.

■ Sind mündliche Zusagen im Arbeitsvertrag nicht enthalten, beanstanden Sie dies sofort und bestehen Sie darauf, dass sie in den schriftlichen Vertrag aufgenommen werden. Lassen Sie sich von Ihrem Arbeitgeber nicht mit der Aussage abspeisen, die Zusage werde schon eingehalten werden. Beachten Sie, dass es im Streitfall vor allem auf den Inhalt Ihres schriftlichen Vertrags ankommt. ■

Was tun Sie, wenn der Vertrag ungünstige Regelungen für Sie enthält?

Auch hier gilt das Motto: Nehmen Sie die Nachbesserung sofort in Angriff. Vor Unterzeichnung des Arbeitsvertrags sind Änderungen zu Ihren Gunsten leichter zu erreichen als zu einem späteren Zeitpunkt.

Ihr Arbeitgeber hat ein Interesse daran, den Vertrag so günstig wie möglich für sich zu gestalten. Daher wird sein Vertragsentwurf vermutlich einige Regelungen enthalten, die für Sie ungünstig sind. Werden Sie sich zunächst klar darüber, welche Vertragsklauseln für Sie hinnehmbar sind und welche nicht. Formulieren Sie für sich die Argumente, die aus Ihrer Interessenlage gegen die einzelnen Regelungen sprechen. Sie können dann Ihrem Arbeitgeber klar und sachlich darlegen, warum Sie Einwände gegen die für Sie ungünstigen Vertragsklauseln haben. Zeigen Sie aber auch Verhandlungsbereitschaft, wobei Sie selbstverständlich Ihre Prioritäten im Auge behalten und versuchen sollten diese durchzusetzen.

DEN ARBEITSVERTRAG ÜBERPRÜFEN UND VERBESSERN

Machen Sie eine Bestandsaufnahme

Beispiele unwirksamer Klauseln

Wann ist ein Arbeitsvertrag nichtig?

Wann ist ein Arbeitsvertrag anfechtbar?

Wie Sie eine Verbesserung Ihres Vertrags erreichen können

Machen Sie eine Bestandsaufnahme

Sie können nur dann eine Verbesserung Ihres Arbeitsvertrags erreichen, wenn Sie zuvor eine Bestandsaufnahme des Vertrags durchgeführt haben. Überprüfen Sie jede einzelne Vertragsklausel daraufhin, ob sie Ihren Interessen entspricht.

Finden Sie in Ihrem Vertrag Regelungen, die Sie besonders benachteiligen, sollten Sie prüfen, ob die Vertragsklausel überhaupt wirksam ist. Im Folgenden wird daher insbesondere der Frage nachgegangen, wann die Unwirksamkeit vertraglicher Regelungen in Betracht kommt.

Ein Arbeitsvertrag kann aber auch ganz oder teilweise von Anfang an unwirksam sein. Man spricht dann von der Nichtigkeit des Arbeitsvertrags. Diese tritt unabhängig vom Willen der Vertragsparteien ein, ohne dass es einer besonderen Erklärung bedarf.

Beispiele unwirksamer Klauseln

Vertragsklauseln sind immer dann unwirksam, wenn sie gegen gesetzliche Vorschriften verstoßen, von denen zu Ihrem Nachteil nicht abgewichen werden darf.

Unzulässige Vereinbarungen zur Kündigung

Wenn Sie eine einseitig lange Kündigungsfrist haben

Im Arbeitsvertrag darf keine Regelung getroffen werden, wonach die von Ihnen einzuhaltende Kündigungsfrist länger ist als diejenige Ihres Arbeitgebers. Findet sich in Ihrem Arbeitsvertrag eine solche Regelung, hat dies zur Folge, dass sich auch Ihr Arbeitgeber an die mit Ihnen vereinbarte lange Kündigungsfrist zu halten hat.

Da eine einseitige Kündigungserschwernis für den Arbeitnehmer grundsätzlich unzulässig ist, kann Ihr Arbeitgeber an die Kündigung von Ihrer Seite keine Sanktionen knüpfen, die für Sie nachteilig sind.

Beispiele

Insbesondere ist es unzulässig, wenn eine von der Arbeitsvergütung einbehaltene Kaution, die Ihren Arbeitgeber wegen eventuell entstehender Gegenforderungen an Sie absichert, verfallen soll, wenn Sie das Arbeitsverhältnis kündigen. Sie können daher eine geleistete Kaution trotz der Verfallklausel zurückfordern.

Ebenfalls unzulässig ist die Vereinbarung einer Vertragsstrafe, falls Sie ordentlich kündigen. Eine solche müssen Sie nicht bezahlen.

Wenn das Recht zur außerordentlichen Kündigung eingeschränkt oder erweitert werden soll

Das Arbeitsverhältnis kann nur dann außerordentlich gekündigt werden, wenn ein wichtiger Grund vorliegt. Dieses Recht kann weder für Sie noch für Ihren Arbeitgeber durch Vertrag ausgeschlossen oder erweitert werden. Eine entsprechende Vereinbarung ist unwirksam.

Unwirksam ist auch eine Vereinbarung über die Kündigungsgründe. In Ihrem Arbeitsvertrag kann daher nicht geregelt werden, welche Gründe die außerordentliche Kündigung rechtfertigen und welche nicht.

Beispiel
Eine Regelung in Ihrem Arbeitsvertrag, die besagt, dass Ihr Arbeitgeber berechtigt ist, das Arbeitsverhältnis ohne Einhaltung einer Frist zu kündigen, wenn Sie zweimal zu spät kommen, ist unwirksam. Ihr Arbeitgeber kann eine außerordentliche Kündigung nicht auf diesen vereinbarten Kündigungsgrund stützen.

Wenn Sie zu wenig Urlaub bekommen

Wurde Ihr Arbeitsvertrag 1994 oder früher abgeschlossen und ein Urlaubsanspruch zwischen 18 und 23 Werktagen vereinbart, so wirkt sich eine Änderung des Bundesurlaubsgesetzes zu Ihren Gunsten aus. Der gesetzliche Mindesturlaub wurde 1995 von 18 auf 24 Werktage erhöht. Dieser gesetzliche Mindesturlaub darf nicht unterschritten werden. Sie haben also trotz gegenteiliger vertraglicher Regelung einen Urlaubsanspruch von 24 Werktagen.

■ Machen Sie gegenüber Ihrem Arbeitgeber den längeren Urlaub unbedingt geltend. Begnügen Sie sich weiterhin mit dem im Vertrag vereinbarten Urlaub, verfallen die Ihnen zustehenden, aber nicht genommenen Urlaubstage in der Regel mit Ablauf des laufenden Kalenderjahres. Sie können den Urlaub also nicht „ansparen" und zu einem späteren Zeitpunkt nachfordern.   ■

Wann ist ein Arbeitsvertrag nichtig?

Folgende Verstöße können die Nichtigkeit des Vertrags begründen:

- *Verstoß gegen ein gesetzliches Verbot:*
  Dieser Nichtigkeitsgrund greift ein, wenn gegen zwingende Arbeitnehmerschutzgesetze, z. B. gegen ein Beschäftigungsverbot des Mutterschutzgesetzes oder gegen Strafgesetze verstoßen wird.

- *Verstoß gegen die guten Sitten, Wucher:*
  Ein Verstoß gegen die guten Sitten ist gegeben, wenn der Arbeitsvertrag nach Inhalt, Zweck und Beweggrund der Beteiligten gegen das Anstandsgefühl aller gerecht und billig Denkenden verstößt – so die Rechtsprechung. Ist in Ihrem Arbeitsvertrag etwa ein ausbeuterisch geringer Lohn vorgesehen, sollen Sie für jeden Fall einer Vertragsverletzung eine hohe Vertragsstrafe bezahlen müssen oder gar für die Zahlungsunfähigkeit von Kunden einstehen, so sind diese Klauseln sittenwidrig und damit unwirksam.

Welche Folgen hat die Nichtigkeit?

Liegt ein Nichtigkeitsgrund vor, stellt sich die Frage, ob der ganze Vertrag oder nur die Vertragsklausel unwirksam ist, die die Nichtigkeit begründet. Vollständig unwirksam ist ein Arbeitsvertrag in der Regel nur, wenn der gesamte Vertrag gegen die guten Sitten verstößt. Ansonsten lautet das Motto: Der Vertrag soll nicht vollständig in Wegfall kommen, sondern nur die unwirksamen Klauseln. Diese werden dann durch die gesetzlichen Regelungen ersetzt.

Stellt sich die Nichtigkeit des gesamten Arbeitsvertrags vor Arbeitsbeginn heraus, stehen weder Ihnen noch Ihrem Arbeitgeber Ansprüche aus dem Vertrag zu. Wird sie jedoch erst bekannt, nachdem Sie die Arbeit bereits aufgenommen haben, können Sie trotz der Unwirksamkeit des Arbeitsvertrags für die Zeit der tatsächlichen Beschäftigung Zahlung des Gehalts verlangen. Sie haben auch Anspruch auf alle sonstigen Rechte aus dem Arbeitsverhältnis, wie z. B. anteiligen Urlaub.

Wann ist ein Arbeitsvertrag anfechtbar?

Die Anfechtung eines Arbeitsvertrags führt ebenfalls zu dessen Unwirksamkeit. Diese Rechtsfolge tritt aber nicht automatisch ein, sondern nur dann, wenn der Anfechtungsberechtigte eine entsprechende Erklärung abgibt. Er kann anfechten, muss es aber nicht. Solche Anfechtungsgründe sind:

- **Inhalts- oder Erklärungsirrtum:**
  Ein solcher Irrtum liegt vor, wenn eine der Parteien eine Erklärung abgegeben hat, die sie so nicht abgeben wollte, sich zum Beispiel versprochen oder verschrieben hat. Schlägt Ihnen Ihr Arbeitgeber z. B. anstatt des üblichen Gehalts von 5 000 DM eine Vergütung von 15 000 DM vor, erklären Sie sich natürlich ohne zu zögern damit einverstanden. Zu früh freuen sollten Sie sich aber nicht. Grund für das Angebot ist sicherlich nicht die ungewöhnliche Großzügigkeit Ihres Chefs, er hat sich vielmehr ganz einfach versprochen. Da er Ihnen ein entsprechendes Angebot gar nicht unterbreiten wollte, kann er den Vertrag anfechten.

- **Eigenschaftsirrtum:**
  Eine Anfechtung wegen Eigenschaftsirrtums kommt insbesondere dann in Betracht, wenn die entsprechenden Eigenschaften für das konkrete Arbeitsverhältnis von Bedeutung sind. Als wesentliche Eigenschaften des Arbeitnehmers etwa sind Vertrauenswürdigkeit und fachliche Eignung zu nennen. Wesentliche Eigenschaft des Arbeitgebers ist vor allem dessen Zahlungsfähigkeit.

- **Arglistige Täuschung:**
  Die Anfechtung wegen arglistiger Täuschung setzt eine bewusste Täuschung des Vertragspartners voraus. Von besonderer Bedeutung ist dieser Anfechtungsgrund, wenn Sie im Rahmen des Einstellungsgesprächs eine zulässige Frage des Arbeitgebers wahrheitswidrig beantwortet haben. Wird z. B. eine Kassiererin gefragt, ob sie wegen eines Vermögensdelikts vorbestraft ist, und wird dies von der Bewerberin trotz einer Vorstrafe wegen Diebstahls verneint, so kann der Arbeitsvertrag wegen arglistiger Täuschung angefochten werden.

Worauf ist bei der Anfechtung zu achten?

Das Anfechtungsrecht muss innerhalb bestimmter Fristen ausgeübt werden. Die Anfechtung wegen eines Irrtums muss unverzüglich erfolgen, die Anfechtung wegen arglistiger Täuschung kann innerhalb eines Jahres nach Kenntnis des Anfechtungsgrundes erklärt werden. Werden diese Fristen vom Anfechtungsberechtigten versäumt, ist eine wirksame Anfechtung nicht mehr möglich.

Hinsichtlich der Folgen der Anfechtung ist zu unterscheiden, ob Sie die Arbeit bereits aufgenommen haben oder nicht. Wird die Anfechtung vor Aufnahme der Tätigkeit erklärt, ist der Vertrag von Anfang an unwirksam. Weder Sie noch Ihr Arbeitgeber können Ansprüche aus dem Vertrag herleiten. Haben Sie bereits gearbeitet, bleibt der Vertrag bis zum Zeitpunkt des Zugangs der Anfechtungserklärung wirksam. Sie können alle Ansprüche geltend machen, die Ihnen nach dem Vertrag zustehen.

Wie Sie eine Verbesserung Ihres Vertrags erreichen können

Wenn Ihr Aufgaben- oder Verantwortungsbereich erweitert wurde und Sie erfolgreich in der neuen Position arbeiten, ist die Zeit gekommen, um in Verhandlungen über eine Verbesserung Ihres Arbeitsvertrags einzutreten.

Zeitpunkt und Ansprechpartner richtig wählen

Die Wahl des richtigen Zeitpunkts ist ein wesentliches Kriterium für erfolgreiche Vertragsverhandlungen. Keinesfalls sollten Sie Verbesserungen in Angriff nehmen, wenn im Betrieb Termindruck oder eine gereizte Stimmung herrschen.

Beispiel
Hat Ihre Firma derzeit finanzielle Schwierigkeiten, ist es nahezu aussichtslos, mit dem Wunsch nach einer Gehaltserhöhung an Ihren Arbeitgeber heranzutreten.

Günstig ist es hingegen, wenn Ihr Arbeitgeber das letzte Jahr mit einem überdurchschnittlich guten Betriebsergebnis abgeschlossen hat oder die derzeitige Auftragslage hervorragend ist.

Mit Ihrem Wunsch, eine Verbesserung Ihres Vertrags zu erreichen, sollten Sie sich nicht sofort an die Geschäftsleitung wenden. Beziehen Sie vielmehr Ihren direkten Vorgesetzten mit ein. Er kennt Ihre Fähigkeiten und kann Sie bei den Verhandlungen unterstützen, indem er die von Ihnen gewünschten Änderungen befürwortet. Steht ein Wechsel Ihres Vorgesetzten im Raum, sollten Sie die Verhandlungen mit Ihrem jetzigen Vorgesetzten führen, denn er weiß, „was Sie wert sind". Ihren neuen Vorgesetzten müssen Sie erst von Ihren Qualitäten überzeugen, was in der Regel eine ganze Weile dauert.

Gut vorbereitet zum Ziel

Gehen Sie nicht unvorbereitet oder mit unklaren Vorstellungen in die Verhandlung.

Gibt es für Ihre Branche einen Tarifvertrag, ist es durchaus hilfreich, wenn Sie sich mit ihm vertraut machen und die dortigen Regelungen mit Ihren Vertragsbedingungen vergleichen. Sie gewinnen so einen Anhaltspunkt über die aktuellen branchenüblichen Konditionen und können in der Verhandlung die Punkte, in denen Sie schlechter gestellt sind, konkret benennen.

Bestimmen Sie das Ziel der Verbesserung nach Ihren persönlichen Vorstellungen. Neben einer Gehaltserhöhung oder mehr Urlaub ist auch an eine Verbesserung des Vertrags durch Abänderung anderer Vertragsklauseln, die für Sie ungünstig sind, zu denken.

Sammeln Sie bereits im Vorfeld Argumente, die für Ihren Verbesserungswunsch sprechen. Legen Sie Ihrem Arbeitgeber in dem Gespräch dar, warum Sie die Änderung Ihres Vertrags für angemessen und erforderlich halten. Scheuen Sie sich nicht, Ihre Leistungen und Fähigkeiten selbstbewusst darzustellen. Argumentieren Sie klar und sachlich mit Blick auf die von Ihnen gesetzten Prioritäten. Verschließen Sie sich aber nicht völlig der Gegenargumentation Ihres Arbeitgebers, sondern zeigen Sie auch Kompromissbereitschaft. Durch taktisch kluges Agieren kann es Ihnen gelingen, im Ergebnis die Punkte durchzusetzen, auf die Sie am meisten Wert legen.

Wenn Ihr Vertrag unwirksame Regelungen enthält

Enthält Ihr Vertrag unwirksame Regelungen, ist zu überlegen, ob Sie Ihren Arbeitgeber darauf hinweisen oder abwarten sollten, bis die unwirksame Vereinbarung relevant wird.

Beschneidet die unwirksame Regelung Ihre vom Gesetzgeber festgelegten Mindestrechte, sollten Sie Ihren Arbeitgeber unbedingt darauf ansprechen und Ihre Ansprüche geltend machen. Betrifft die unwirksame Vereinbarung einen Bereich, der derzeit nicht relevant ist, z. B. unzulässige Kündigungsbeschränkungen, ist es grundsätzlich ausreichend, wenn Sie sich auf die Unwirksamkeit der Klausel berufen, sobald Ihr Arbeitgeber sich darauf bezieht.

Es kann aber auch einen guten Einstieg darstellen, wenn Sie Ihren Arbeitgeber auf die Unwirksamkeit einzelner Klauseln aufmerksam machen und aus diesem Anlass eine gemeinsame Überprüfung des Vertrags anregen.

WIE SIE KONFLIKTE LÖSEN KÖNNEN

Wenn sich Ihr Arbeitgeber nicht
an den Vertrag hält

Darf Ihr Arbeitgeber Ihre Arbeitsbedingungen ändern?

Müssen Sie Überstunden leisten?

Wenn Ihr Urlaub nicht bewilligt wird

Können Sie sich auf den Tarifvertrag
berufen?

Wie Sie Ihr Recht durchsetzen

Wenn sich Ihr Arbeitgeber nicht an den Vertrag hält

Hält sich Ihr Arbeitgeber nicht an den Arbeitsvertrag, spielt es eine entscheidende Rolle, ob die Vereinbarungen schriftlich oder nur mündlich getroffen wurden.

Mit einem schriftlichen Vertrag auf der sicheren Seite

Verstößt Ihr Arbeitgeber gegen die Vereinbarungen des schriftlichen Arbeitsvertrags, haben Sie ein leichtes Spiel. Sie können problemlos die Vertragsverletzung nachweisen und auf die Einhaltung der getroffenen Vereinbarung pochen. Ihr Arbeitgeber hat kaum eine Chance sich seiner Verpflichtung zu entziehen.

Schwieriger: der mündliche Vertrag

Wurde Ihr Arbeitsvertrag nur mündlich geschlossen, haben Sie es deutlich schwerer Ihr Recht durchzusetzen. Sie müssen nämlich beweisen, dass die von Ihrem Arbeitgeber nicht eingehaltene Vereinbarung tatsächlich getroffen wurde. Dieser Nachweis kann von Ihnen normalerweise nur dann geführt werden, wenn eine dritte Person bei der Absprache anwesend war und den Abschluss der Vereinbarung auch bestätigt.

Haben Sie Ihren mündlichen Arbeitsvertrag nicht direkt mit Ihrem Arbeitgeber, sondern mit einem von Ihrem Arbeitgeber bevollmächtigten Mitarbeiter ausgehandelt, könnte dieser grundsätzlich im Streitfall die Vereinbarung, auf die Sie sich berufen, bestätigen. Dieser Mitarbeiter ist im Falle einer gerichtlichen Auseinandersetzung selbstverständlich auch verpflichtet, wahrheitsgemäße Angaben zu machen. Die Erfahrung zeigt aber, dass im Betrieb beschäftigte Personen nur widerstrebend Angaben zu Lasten Ihres Chefs machen und sich plötzlich erhebliche „Erinnerungslücken" einstellen.

■ Insgesamt muss daher gesagt werden, dass Sie bei nur mündlich getroffenen Vereinbarungen wenig Chancen haben Ihre Rechte durchzusetzen. ■

Darf Ihr Arbeitgeber Ihre Arbeitsbedingungen ändern?

Wenn eine Versetzungsklausel vereinbart wurde

Die Versetzungsklausel ermächtigt Ihren Arbeitgeber, die Vereinbarungen, die im Arbeitsvertrag zu den Arbeitsbedingungen getroffen wurden, durch einseitige Weisung abzuändern.

Meist bezieht sich die Versetzungsklausel sowohl auf die Art der zu leistenden Arbeit als auch auf den Arbeitsort und die Arbeitszeit. Durch die Vereinbarung einer Versetzungsklausel hält sich Ihr Arbeitgeber die Möglichkeit offen, sein Direktionsrecht in umfassender Weise auszuüben. Macht Ihr Arbeitgeber von dieser Möglichkeit Gebrauch, müssen Sie seinen Weisungen Folge leisten. Eine Änderung der Arbeitsbedingungen kann daher von Ihrem Arbeitgeber entsprechend dem Umfang der Versetzungsklausel ohne weiteres angeordnet werden.

Wenn Sie keine Versetzungsklausel vereinbart haben

Wurde keine Versetzungsklausel vereinbart, gilt Folgendes:

Änderung der Arbeitszeit

Ist in Ihrem Arbeitsvertrag nicht nur die wöchentliche Arbeitszeit, sondern auch Beginn und Ende der täglichen Arbeitszeit angegeben, ist diese Regelung für Ihren Arbeitgeber verbindlich. Er kann diese Arbeitszeitregelung nicht einseitig ändern.

Wurde über die Dauer und Lage der täglichen Arbeitszeit keine ausdrückliche Vereinbarung getroffen, ist Ihr Arbeitgeber nicht nur berechtigt, die wöchentliche Arbeitszeit auf die einzelnen Wochentage zu verteilen, er kann darüber hinaus Beginn und Ende der täglichen Arbeitszeit festlegen. Sind Sie hiermit nicht einverstanden, haben Sie kaum eine Möglichkeit, dagegen etwas zu unternehmen. Sie müssen die Weisung Ihres Arbeitgebers befolgen.

Änderung des Arbeitsortes

Ist in Ihrem Arbeitsvertrag der Ort bestimmt, an dem Sie Ihre Arbeit zu verrichten haben, ist dieser maßgeblich. Üblicherweise beschränkt sich aber die Ortsangabe auf die Stadt, in der sich der Betrieb befindet.

Im Rahmen der arbeitsvertraglichen Regelung kann Ihr Arbeitgeber den Arbeitsort durch Weisung bestimmen. Er kann Ihnen also die Stelle im Betrieb zuweisen, wo Sie Ihre Arbeit auszuüben haben, Sie also innerhalb der Stadt auch von einer Filiale in eine andere versetzen. Dies gilt nur dann nicht, wenn in Ihrem Arbeitsvertrag eine bestimmte Filiale als Arbeitsort angegeben ist. Eine Versetzung ist dann nur mit Ihrer Zustimmung möglich.

■ Wird der Betrieb an einen anderen Ort verlegt oder die Filiale, die in Ihrem Arbeitsvertrag als Arbeitsort genannt ist, geschlossen, kann Ihr Arbeitgeber eine Änderungskündigung aussprechen. Sie müssen sich dann entscheiden, ob Sie der Änderung des Arbeitsortes zustimmen oder die Beendigung des Arbeitsverhältnisses in Kauf nehmen. ■

Wurde der Arbeitsort in Ihrem Arbeitsvertrag nicht bestimmt, ist der Arbeitsort der Betrieb Ihres Arbeitgebers. Ihre Arbeitspflicht ist dann an den Betrieb gebunden, nicht an die Stadt, in der sich der Betrieb befindet. Dies wird im Falle einer Betriebsverlegung oder einer Versetzung an einen anderen Ort bedeutsam. Sie müssen am neuen Betriebsort arbeiten, auch wenn dies für Sie täglich eine längere Fahrtzeit bedeutet. Allerdings muss sich diese noch im Rahmen des Zumutbaren befinden.

Beispiel
Keinesfalls kann Ihnen zugemutet werden Ihren persönlichen Lebensbereich zu verlassen und umzuziehen, weil es beispielsweise aufgrund der schlechten Verkehrsanbindung zum neuen Arbeitsort nicht möglich ist, nach Beendigung der Arbeit nach Hause zurückzukehren.

Änderung der Tätigkeit

Je konkreter die von Ihnen zu leistende Arbeit im Arbeitsvertrag beschrieben ist, desto weniger Spielraum hat Ihr Arbeitgeber, Ihnen eine andere Tätigkeit zuzuweisen. Sie sind nur verpflichtet die Arbeiten auszuführen, die von der Tätigkeitsbeschreibung im Arbeitsvertrag umfasst sind. Weist Ihnen Ihr Arbeitgeber eine andere Tätigkeit zu, können Sie deren Ausführung verweigern, ohne Sanktionen befürchten zu müssen.

Wird Ihre Tätigkeit im Arbeitsvertrag nur fachlich (z. B. „Verkäufer" oder „Verkäuferin") oder unter einem Sammelbegriff (z. B. „Arbeiter") beschrieben, müssen Sie sämtliche Arbeiten ausführen, die unter das Berufsbild oder den Sammelbegriff fallen. Das Direktionsrecht Ihres Arbeitgebers ist hier weit gefasst. Weigern Sie sich die zugewiesene andere Tätigkeit auszuüben, obwohl Sie nach Ihrem Arbeitsvertrag dazu verpflichtet sind, kann dies als Arbeitsverweigerung gewertet werden und unter Umständen zur Kündigung Ihres Arbeitsverhältnisses durch Ihren Arbeitgeber führen.

Müssen Sie Überstunden leisten?

Enthält Ihr Arbeitsvertrag die Verpflichtung, Überstunden zu leisten, können diese von Ihrem Arbeitgeber angeordnet werden. Ist die Leistung von Überstunden vertraglich nicht vorgesehen, können Sie hierzu nicht herangezogen werden. Sie sind nicht verpflichtet die Überstunden zu erbringen.

> ■ Etwas anderes gilt nur in Notfällen, wenn drohende Schäden vom Betrieb oder den Betriebsanlagen abgewendet werden müssen. Aufgrund Ihrer Treuepflicht sind Sie in einem solchen Fall zur Leistung von Überstunden verpflichtet. ■

Wenn Ihr Urlaub nicht bewilligt wird

Die Bestimmung des Zeitpunkts, wann Sie Ihren Urlaub nehmen können, ist Sache Ihres Arbeitgebers. Dies besagt aber nicht, dass Ihr Arbeitgeber bei der zeitlichen Festlegung des Urlaubs schalten und walten kann, wie er will. Er muss vielmehr Ihre Urlaubswünsche berücksichtigen.

Grundsätzlich ist der Urlaub in der von Ihnen gewünschten Zeit zu gewähren. Ihr Arbeitgeber kann dies nur dann ablehnen, wenn

- dringende betriebliche Belange (z. B. besonders hoher Arbeitsanfall während der Saison; personelle Engpässe, bedingt durch Erkrankung anderer Mitarbeiter) oder

- Urlaubswünsche anderer Arbeitnehmer, die unter sozialen Gesichtspunkten vorrangig sind (Berücksichtigung der Schulferien bei Mitarbeiten mit schulpflichtigen Kindern),

der Urlaubsgewährung entgegenstehen. Bewilligt Ihr Arbeitgeber den Urlaub grundlos nicht, sind Sie dennoch nicht berechtigt, diesen eigenmächtig anzutreten. Sie müssen vielmehr eine gerichtliche Klärung vor dem Arbeitsgericht herbeiführen.

■ Treten Sie den Urlaub nie ohne vorherige Zustimmung Ihres Arbeitgebers an, denn dies kann die Kündigung des Arbeitsverhältnisses zur Folge haben.   ■

Ist ein Betriebsrat vorhanden, können Sie sich auch an diesen wenden. Der Betriebsrat hat ein Mitbestimmungsrecht bei der Festsetzung des Urlaubs, wenn Sie und Ihr Arbeitgeber sich über den Urlaubszeitpunkt nicht einigen können.

Können Sie sich auf den Tarifvertrag berufen?

Werden Sie unter Tarif bezahlt oder enthält Ihr Arbeitsvertrag ungünstigere Regelungen als der Tarifvertrag Ihrer Branche, dann können Sie nicht ohne weiteres von Ihrem Arbeitgeber die Einhaltung der dortigen Regelungen verlangen.

Ihr Arbeitgeber ist nur dann an den Tarifvertrag gebunden, wenn eine der folgenden Voraussetzungen vorliegt:

- Der Tarifvertrag wurde für allgemeinverbindlich erklärt.
- Sie sind Mitglied der Gewerkschaft und Ihr Arbeitgeber hat sich dem Arbeitgeberverband angeschlossen.
- Die Anwendung des Tarifvertrags wurde in Ihrem Arbeitsvertrag vereinbart.

Ist keine dieser Voraussetzungen erfüllt, bleibt es bei der Regelung in Ihrem Arbeitsvertrag. Sie können lediglich versuchen, durch Vertragsverhandlungen die Anpassung Ihrer vertraglichen Konditionen an den Tarifvertrag zu erreichen.

Wie Sie Ihr Recht durchsetzen

Es ist nicht damit getan, dass Sie in einer Auseinandersetzung mit Ihrem Arbeitgeber das Recht auf Ihrer Seite haben. Dieses Recht müssen Sie auch durchsetzen.

Es empfiehlt sich, dass Sie Ihren Arbeitgeber zunächst auf die Vertrags- oder Rechtsverletzung ansprechen und um Beachtung Ihrer Rechte bitten. Folgt Ihr Arbeitgeber dieser Aufforderung nicht, sollten Sie zur Wahrnehmung Ihrer Interessen Folgendes unternehmen:

Bringen Sie Ihre Beanstandung schriftlich vor

Um Ihrem Arbeitgeber deutlich zu machen, dass Sie nicht bereit sind die Verletzung Ihrer Rechte hinzunehmen, weisen Sie ihn schriftlich auf die Vertrags- oder Rechtsverletzung hin und fordern Sie die Erfüllung Ihres Anspruchs. Da Sie baldmöglichst Klarheit darüber gewinnen möchten, ob Ihr Arbeitgeber der Aufforderung Folge leistet oder nicht, sollten Sie Ihrem Arbeitgeber eine angemessenen Frist für die Erledigung setzen. Reagiert dieser innerhalb der gesetzten Frist nicht, können Sie davon ausgehen, dass er nicht bereit ist Ihre berechtigte Forderung zu erfüllen.

Schalten Sie den Betriebsrat ein

Ist ein Betriebsrat vorhanden, können Sie sich auch an diesen wenden.

Es gehört zu den Aufgaben des Betriebsrats, darüber zu wachen, dass die zu Ihren Gunsten geltenden Rechtsvorschriften eingehalten werden. Der Betriebsrat soll ferner auf Anregung eines Arbeitnehmers beim Arbeitgeber vorstellig werden und auf Abhilfe rechtswidriger Zustände und Maßnahmen dringen. Der Betriebsrat ist also gehalten, Ihre Belange und Interessen gegenüber Ihrem Arbeitgeber zu vertreten.

Falls alles nichts hilft: der Rechtsweg

Lässt Ihr Arbeitgeber Ihre Hinweise und Aufforderungen unbeachtet, bleibt Ihnen nur die Möglichkeit den Rechtsweg zu beschreiten und Klage vor dem Arbeitsgericht zu erheben.

> ■ Wenn Sie sich gegen eine Kündigung wehren wollen, müssen Sie die Kündigungsschutzklage unbedingt innerhalb einer Frist von drei Wochen nach Zugang der Kündigung beim Arbeitsgericht erheben. Versäumen Sie diese Frist, können Sie gegen die Kündigung in der Regel nichts mehr unternehmen. ■

Das Verfahren vor dem Arbeitsgericht sieht zunächst ein Güteverfahren vor. Hierbei erörtert der Vorsitzende Richter das Streitverhältnis mit den Parteien und versucht eine Einigung der Parteien herbeizuführen.

Kommt es nicht zu einer Einigung, wird das Verfahren fortgeführt und durch den Erlass eines Urteils beendet.

ARBEITSVERTRAGSMUSTER

Arbeitsvertrag mit Angestellten

Arbeitsvertrag mit Arbeitern

Befristeter Arbeitsvertrag

Teilzeitarbeitsvertrag

Niederschrift nach dem
Nachweisgesetz

Vorbemerkung

Um Ihnen bei den nachfolgenden Arbeitsvertragsmustern einen schnellen Überblick zu ermöglichen, sind die Klauseln, die Sie vermeiden sollten, durch Kursivschrift gekennzeichnet.

Arbeitsvertrag mit Angestellten

Zwischen

....

– Arbeitgeber –

und

Frau/Herrn ....

– Arbeitnehmer/in –

wird folgender Arbeitsvertrag geschlossen:

§ 1 Beginn des Arbeitsverhältnisses

(1) Das Arbeitsverhältnis beginnt am ...
Vor Beginn des Arbeitsverhältnisses ist die Kündigung ausgeschlossen.

(2) Die ersten drei Monate gelten als Probezeit. Das Arbeitsverhältnis kann während der Probezeit mit einer Frist von zwei Wochen gekündigt werden.

oder

(2) Der Arbeitsvertrag wird für die Dauer von drei Monaten zur Probe geschlossen. Er endet mit Ablauf der Probezeit, wenn er

nicht zuvor verlängert wird. Das Arbeitsverhältnis kann während der Probezeit mit einer Frist von zwei Wochen gekündigt werden.

§ 2 Tätigkeit/Arbeitsort

(1) Herr/Frau ... wird angestellt als ... Der Aufgabenbereich ergibt sich aus der Stellenbeschreibung, die diesem Vertrag als Anlage beigefügt ist.

(2) Der Arbeitgeber behält sich vor, Herrn/Frau ... eine andere zumutbare Tätigkeit zuzuweisen, die seinen/ihren Vorkenntnissen entspricht. Macht er hiervon Gebrauch, ist die bisherige Vergütung weiter zu bezahlen.

(3) Arbeitsort ist ...
Der Arbeitgeber ist berechtigt, Herrn/Frau ... im Rahmen des Unternehmens auch an einem anderen Ort einzusetzen.

§ 3 Arbeitszeit/Überstunden und Mehrarbeit

(1) Die regelmäßige wöchentliche Arbeitszeit beträgt ohne Berücksichtigung der Pausen ... Stunden.

(2) Der Arbeitsbeginn ist auf ... Uhr festgelegt, das Arbeitsende auf ... Uhr.

oder

(2) Beginn und Ende der täglichen Arbeitszeit richten sich nach der Übung des Betriebs oder der mit dem Betriebsrat geschlossenen Vereinbarung.

(3) Herr/Frau ... ist verpflichtet, Überstunden und Mehrarbeit im Rahmen des gesetzlich Zulässigen zu leisten.

§ 4 Vergütung

(1) Das monatliche Bruttogehalt beträgt DM ... Die Vergütung ist jeweils am Letzten eines Monats zur Zahlung fällig.

oder

(1) Das monatliche Bruttogehalt beträgt während der Probezeit DM ..., nach Ablauf der Probezeit DM ...

(2) Herr/Frau ... erhält für jede Über- oder Mehrarbeitsstunde die vereinbarte Stundenvergütung zuzüglich eines Zuschlags von 25 %.

oder

(2) Durch die vereinbarte Bruttovergütung sind etwaige Über- oder Mehrarbeitsstunden abgegolten.

(3) Es werden folgende Zuschläge zum Gehalt gezahlt:

1. Nachtarbeit: ...

2. Wechselschicht: ...

3. Sonn- und Feiertagsarbeit: ...

(4) Die Zahlung der Vergütung erfolgt bargeldlos. Herr/Frau ... ist verpflichtet, ein Konto zu unterhalten und dem Arbeitgeber innerhalb von zehn Tagen nach Beginn des Arbeitsverhältnisses die Kontendaten mitzuteilen.

(5) Das Bruttogehalt wird entsprechend den Tarifabschlüssen der Branche ... erhöht. Der Tarifabschluss ist auch für den Zeitpunkt der Gehaltserhöhung maßgeblich.

oder

(5) Das Bruttogehalt wird alle zwei Jahre zum 01.01. eines Jahres, erstmals am 01.01. ..., um DM ... erhöht.

§ 5 Weihnachtsgratifikation

(1) Herr/Frau ... erhält eine Weihnachtsgratifikation in Höhe von ... DM. Die Auszahlung erfolgt mit dem Novembergehalt.

(2) Im Ein- und Austrittsjahr wird die Weihnachtsgratifikation entsprechend der Dauer der Beschäftigung gezahlt.

oder

(2) Der Anspruch auf Weihnachtsgratifikation besteht nicht, wenn das Arbeitsverhältnis bis zum 30.11. von einer der Vertragsparteien gekündigt wird oder durch Aufhebungsvereinbarung endet und Anlass des Aufhebungsvertrags die Kündigungsabsicht einer der Vertragsparteien ist. Dies gilt jedoch nicht, wenn die Kündigung oder die Aufhebungsvereinbarung aus betriebs- oder aus personenbedingten Gründen erfolgt, die von Herrn/Frau .... nicht zu vertreten sind.

(3) Die Gratifikation wird nur dann gezahlt, wenn Herr/Frau ... an den möglichen Arbeitstagen tatsächlich gearbeitet hat. Für Fehlzeiten wird die Gratifikation unabhängig davon, ob während der Fehlzeit Entgeltansprüche bestehen, um 1/60 pro Fehltag gekürzt. Bei Arbeitsunfähigkeit infolge Krankheit ist

die Kürzung der Höhe nach beschränkt auf ein Viertel des Arbeitsentgelts, das im Jahresdurchschnitt auf einen Arbeitstag entfällt.

(4) Die Zahlung erfolgt freiwillig und begründet keinen Rechtsanspruch.

(5) Herr/Frau ... ist zur Rückzahlung der Weihnachtsgratifikation verpflichtet, wenn er/sie bis zum 31.03. oder, sofern die Weihnachtsgratifikation ein Monatsgehalt übersteigt, bis zum 30.06. des auf die Auszahlung folgenden Kalenderjahres aufgrund eigener Kündigung ausscheidet.

Die Rückzahlungsverpflichtung gilt entsprechend, wenn das Arbeitsverhältnis durch Aufhebungsvertrag endet und Anlass hierfür ein Verhalten des/der Herrn/Frau ... ist, das dem Arbeitgeber ein Recht zur Kündigung gegeben hätte.

(6) Der Arbeitgeber ist berechtigt, mit seiner Rückzahlungsforderung gegen die nach Kündigung fällig werdenden Vergütungsansprüche aufzurechnen. Die Pfändungsschutzbestimmungen sind zu beachten.

§ 6 Gehaltsabtretung/Gehaltsverpfändung

(1) Herr/Frau ... darf Ihre Gehaltsansprüche weder abtreten noch verpfänden.

(2) Herr/Frau ... trägt die Kosten, die dem Arbeitgeber durch Gehaltspfändungen oder Abtretungen entstehen.

Die Kosten sind pauschaliert und betragen für jede zu berechnende Pfändung oder Abtretung ... DM und pro erforderlicher

Überweisung ... DM. Bei nachweislich höheren tatsächlichen Kosten ist der Arbeitgeber berechtigt, diese in Ansatz zu bringen.

§ 7 Urlaub

(1) Herr/Frau erhält pro Kalenderjahr einen Erholungsurlaub von ... Arbeitstagen/*Werktagen.*

oder

(1) Der Erholungsurlaub richtet sich nach dem Bundesurlaubsgesetz.

(2) Der Urlaub ist bis spätestens zum 31. März des nachfolgenden Jahres zu nehmen.

(3) Herr/Frau ... erhält bei Urlaubsantritt ein zusätzliches Urlaubsgeld in Höhe von ... DM je Urlaubstag.

(4) Ist im Zeitpunkt der Kündigung des Arbeitsverhältnisses der Urlaubsanspruch noch nicht erfüllt, ist der Urlaub – soweit dies nach den betrieblichen Interessen möglich ist – während der Kündigungsfrist zu nehmen. Soweit der Urlaub nicht oder nur teilweise gewährt werden kann, ist dieser abzugelten.

§ 8 Arbeitsverhinderung

(1) Herr/Frau ... ist verpflichtet, dem Arbeitgeber jede Arbeitsverhinderung und deren voraussichtliche Dauer unverzüglich anzuzeigen.

(2) Im Falle krankheitsbedingter Arbeitsunfähigkeit hat Herr/Frau ... vor Ablauf des dritten Kalendertages nach deren

Beginn eine ärztliche Bescheinigung über Bestehen sowie voraussichtliche Dauer der Arbeitsunfähigkeit vorzulegen. Dauert die Arbeitsunfähigkeit länger als in der Bescheinigung angegeben, ist Herr/Frau ... verpflichtet, innerhalb von drei Tagen eine neue ärztliche Bescheinigung vorzulegen.

§ 9 Gehaltsfortzahlung im Krankheitsfall

Ist Herr/Frau ... infolge unverschuldeter Erkrankung an der Arbeitsleistung verhindert, erhält er/sie die vertraglichen Bezüge für die Dauer von sechs Wochen weiter.

oder

Ist Herr/Frau ... infolge unverschuldeter Erkrankung an der Arbeitsleistung verhindert, erhält er/sie Gehaltsfortzahlung für die Dauer von sechs Wochen nach Maßgabe des Entgeltfortzahlungsgesetzes in seiner jeweiligen Fassung.

§ 10 Nebenbeschäftigung

(1) Herr/Frau ... darf eine Nebenbeschäftigung nur mit ausdrücklicher Zustimmung des Arbeitgebers übernehmen.

(2) Die Zustimmung ist zu erteilen, wenn die Nebentätigkeit die vertraglich geschuldete Leistung nicht beeinträchtigt, sich die Gesamtarbeitszeit im Rahmen des Arbeitszeitgesetzes hält und die Tätigkeit nicht für ein Konkurrenzunternehmen ausgeübt wird.

(3) Der Arbeitgeber hat über den Antrag auf Zustimmung zur Nebentätigkeit innerhalb einer Frist von zwei Wochen ab Antragstellung zu entscheiden. Ergeht innerhalb dieser Frist keine Entscheidung, gilt die Zustimmung als erteilt.

§ 11 Verschwiegenheitspflicht

Herr/Frau ... verpflichtet sich, über alle vertraulichen betrieblichen Angelegenheiten, die ihm/ihr im Rahmen seines/ihres Arbeitsverhältnisses zur Kenntnis gelangen, auch nach dem Ausscheiden aus dem Arbeitsverhältnis Stillschweigen zu bewahren.

§ 12 Wettbewerbsverbot

(1) Herr/Frau ... verpflichtet sich, für die Dauer von ... Monaten nach Beendigung des Arbeitsverhältnisses weder für ein Konkurrenzunternehmen tätig zu sein noch ein solches Unternehmen zu errichten oder sich an einem solchen zu beteiligen. Das Wettbewerbsverbot erstreckt sich räumlich auf ...

(2) Für die Dauer des Wettbewerbsverbots verpflichtet sich der Arbeitgeber, an Herrn/Frau ... 50 (75; 100) % der zuletzt gewährten vertragsgemäßen Leistung zu bezahlen.

§ 13 Vertragsstrafe

Für den Fall der vertragswidrigen und schuldhaften Nichtaufnahme der Tätigkeit oder der vertragswidrigen Beendigung des Arbeitsverhältnisses verpflichtet sich Herr/Frau ..., eine Vertragsstrafe in Höhe von DM ... zu zahlen.

§ 14 Ausschlussfrist

(1) Sämtliche Ansprüche aus dem Arbeitsverhältnis erlöschen, wenn sie nicht innerhalb von ... Monaten nach der Fälligkeit gegenüber der anderen Vertragspartei schriftlich geltend gemacht werden.

(2) Lehnt die Gegenseite den Anspruch ab, so verfällt dieser, wenn er nicht innerhalb von ... Monaten nach der Ablehnung gerichtlich geltend gemacht wird. Diese Regelung gilt entsprechend, wenn sich die Gegenpartei nicht innerhalb von ... Wochen zu dem geltend gemachten Anspruch erklärt. Die Klagefrist beginnt mit Ablauf der Erklärungsfrist von ... Wochen.

§ 15 Nebenabreden/Vertragsänderungen

Mündliche Nebenabreden bestehen nicht. Ergänzungen und Änderungen des Vertrags bedürfen der Schriftform.

§ 16 Salvatorische Klausel

Sollten eine oder mehrere Bestimmungen dieses Vertrags unwirksam sein oder werden, wird hierdurch die Wirksamkeit der übrigen Bestimmungen nicht berührt.

Arbeitsvertrag mit Arbeitern

Zwischen

....

– Arbeitgeber –

und

Frau/Herrn   ....

– Arbeitnehmer/in –

wird folgender Arbeitsvertrag geschlossen:

§ 1 Beginn des Arbeitsverhältnisses

(1) Das Arbeitsverhältnis beginnt am ...
Vor Beginn des Arbeitsverhältnisses ist die Kündigung ausgeschlossen.

(2) Die ersten drei Monate gelten als Probezeit. Das Arbeitsverhältnis kann während der Probezeit mit einer Frist von zwei Wochen gekündigt werden.

oder

(2) Der Arbeitsvertrag wird für die Dauer von drei Monaten zur Probe geschlossen. Er endet mit Ablauf der Probezeit, wenn er nicht zuvor verlängert wird. Das Arbeitsverhältnis kann während der Probezeit mit einer Frist von zwei Wochen gekündigt werden.

§ 2 Tätigkeit/Arbeitsort

(1) Herr/Frau wird als ... eingestellt. Die Tätigkeit umfasst alle einschlägigen Arbeiten eines/einer ... nach Anweisung des Arbeitgebers.

(2) Der Arbeitgeber behält sich vor, Herrn/Frau ... eine andere zumutbare Tätigkeit zuzuweisen, die seinen/ihren Vorkenntnissen entspricht. Macht er hiervon Gebrauch, ist die bisherige Vergütung weiterzubezahlen.

(3) Arbeitsort ist ...

Der Arbeitgeber ist berechtigt, Herrn/Frau ... auch an auswärtigen Plätzen der Firma einzusetzen.

§ 3 Arbeitszeit/Überstunden und Mehrarbeit

(1) Die regelmäßige wöchentliche Arbeitszeit beträgt ohne Berücksichtigung der Pausen ... Stunden.

(2) Beginn und Ende der täglichen Arbeitszeit sowie der Pausen werden vom Arbeitgeber festgelegt.

(3) Herr/Frau ... ist verpflichtet, Überstunden und Mehrarbeit im Rahmen des gesetzlich Zulässigen zu leisten.

§ 4 Vergütung

(1) Herr/Frau ... erhält einen Stundenlohn von ... DM. Das Entgelt ist jeweils am Letzten eines Monats zur Zahlung fällig.

(2) Herr/Frau ... erhält für jede Über- oder Mehrarbeitsstunde die vereinbarte Stundenvergütung zuzüglich eines Zuschlags von 25 %.

(3) Es werden folgende Zuschläge zum Lohn gezahlt:

1. Nachtarbeit: ...

2. Wechselschicht: ...

3. Sonn- und Feiertagsarbeit: ...

(4) Die Zahlung der Vergütung erfolgt bargeldlos. Herr/Frau ... ist verpflichtet, ein Konto zu unterhalten und dem Arbeitgeber innerhalb von zehn Tagen nach Beginn des Arbeitsverhältnisses die Kontonummer mitzuteilen.

(5) Der Bruttolohn wird entsprechend den Tarifabschlüssen der Branche ... erhöht. Der Tarifabschluss ist auch für den Zeitpunkt der Lohnerhöhung maßgeblich.

oder

(5) Der Bruttolohn wird alle zwei Jahre zum 01.01. eines Jahres, erstmals am 01.01. ..., um DM ... erhöht.

§ 5 Weihnachtsgeld

(1) Herr/Frau ... erhält ein Weihnachtsgeld in Höhe von ... DM. Die Auszahlung erfolgt mit dem Novemberlohn.

(2) Im Ein- und Austrittsjahr wird das Weihnachtsgeld entsprechend der Dauer der Beschäftigung gezahlt.

oder

(2) Der Anspruch auf Weihnachtsgeld besteht nicht, wenn das Arbeitsverhältnis bis zum 30.11. von einer der Vertragsparteien gekündigt wird oder durch Aufhebungsvereinbarung endet

und Anlass des Aufhebungsvertrags die Kündigungsabsicht einer der Vertragsparteien ist. Dies gilt jedoch nicht, wenn die Kündigung oder die Aufhebungsvereinbarung aus betriebsbedingten oder aus personenbedingten Gründen erfolgt, die von Herrn/Frau ... nicht zu vertreten sind.

(3) Das Weihnachtsgeld wird nur dann gezahlt, wenn Herr/Frau ... an den möglichen Arbeitstagen tatsächlich gearbeitet hat. Für Fehlzeiten wird das Weihnachtsgeld unabhängig davon, ob während der Fehlzeit Entgeltansprüche bestehen, um 1/60 pro Fehltag gekürzt. Bei Arbeitsunfähigkeit infolge Krankheit ist die Kürzung der Höhe nach beschränkt auf ein Viertel des Arbeitsentgelts, das im Jahresdurchschnitt auf einen Arbeitstag entfällt.

(4) Die Zahlung erfolgt freiwillig und begründet keinen Rechtsanspruch.

(5) Herr/Frau ... ist zur Rückzahlung des Weihnachtsgeldes verpflichtet, wenn er/sie bis zum 31.03. oder, sofern das Weihnachtsgeld den im Auszahlungsjahr bezogenen durchschnittlichen Monatslohn übersteigt, bis zum 30.06. des auf die Auszahlung folgenden Kalenderjahres aufgrund eigener Kündigung ausscheidet.

Die Rückzahlungsverpflichtung gilt entsprechend, wenn das Arbeitsverhältnis durch Aufhebungsvertrag endet und Anlass hierfür ein Verhalten von Herrn/Frau ... ist, das dem Arbeitgeber ein Recht zur Kündigung gegeben hätte.

(6) Der Arbeitgeber ist berechtigt, mit seiner Rückzahlungsforderung gegen die nach Kündigung fällig werdenden Vergü-

tungsansprüche aufzurechnen. Die Pfändungsschutzbestimmungen sind zu beachten.

§ 6 Lohnabtretung/Lohnverpfändung

(1) Herr/Frau ... darf ihre Lohnansprüche weder abtreten noch verpfänden.

(2) Herr/Frau ... trägt die Kosten, die dem Arbeitgeber durch Lohnpfändungen oder Abtretungen entstehen.

Die Kosten sind pauschaliert und betragen für jede zu berechnende Pfändung oder Abtretung .... DM und pro erforderlicher Überweisung ... DM. Bei nachweislich höheren tatsächlichen Kosten ist der Arbeitgeber berechtigt, diese in Ansatz zu bringen.

§ 7 Urlaub

(1) Herr/Frau erhält pro Kalenderjahr einen Erholungsurlaub von ... Arbeitstagen/*Werktagen.*

oder

(1) Der Erholungsurlaub richtet sich nach dem Bundesurlaubsgesetz.

(2) Der Urlaub ist bis spätestens zum 31. März des nachfolgenden Jahres zu nehmen.

(3) Herr/Frau ... erhält bei Urlaubsantritt ein zusätzliches Urlaubsgeld in Höhe von ... DM je Urlaubstag.

(4) Ist im Zeitpunkt der Kündigung des Arbeitsverhältnisses der Urlaubsanspruch noch nicht erfüllt, ist der Urlaub – soweit

dies nach den betrieblichen Interessen möglich ist – während der Kündigungsfrist zu nehmen. Soweit der Urlaub nicht oder nur teilweise gewährt werden kann, ist dieser abzugelten.

§ 8 Arbeitsverhinderung

(1) Herr/Frau ... ist verpflichtet, dem Arbeitgeber jede Arbeitsverhinderung und deren voraussichtliche Dauer unverzüglich anzuzeigen.

(2) Im Falle krankheitsbedingter Arbeitsunfähigkeit hat Herr/Frau ... vor Ablauf des dritten Kalendertages nach deren Beginn eine ärztliche Bescheinigung über das Bestehen der Arbeitsunfähigkeit sowie deren voraussichtliche Dauer vorzulegen. Dauert die Arbeitsunfähigkeit länger als in der Bescheinigung angegeben, ist Herr/Frau ... verpflichtet, innerhalb von drei Tagen eine neue ärztliche Bescheinigung vorzulegen.

§ 9 Lohnfortzahlung im Krankheitsfall

Ist Herr/Frau ... infolge unverschuldeter Erkrankung an der Arbeitsleistung verhindert, erhält er/sie die vertraglichen Bezüge für die Dauer von sechs Wochen weiter.

oder

Ist Herr/Frau ... infolge unverschuldeter Erkrankung an der Arbeitsleistung verhindert, erhält er/sie Lohnfortzahlung für die Dauer von sechs Wochen nach Maßgabe des Entgeltfortzahlungsgesetzes in seiner jeweiligen Fassung.

§ 10 Nebenbeschäftigung

(1) Herr/Frau ... darf eine Nebenbeschäftigung nur mit ausdrücklicher Zustimmung des Arbeitgebers übernehmen.

(2) Die Zustimmung ist zu erteilen, wenn die Nebentätigkeit die vertraglich geschuldete Leistung nicht beeinträchtigt, sich die Gesamtarbeitszeit im Rahmen des Arbeitszeitgesetzes hält und die Tätigkeit nicht für ein Konkurrenzunternehmen ausgeübt wird.

(3) Der Arbeitgeber hat über den Antrag auf Zustimmung zur Nebentätigkeit innerhalb einer Frist von zwei Wochen ab Antragstellung zu entscheiden. Ergeht innerhalb dieser Frist keine Entscheidung, gilt die Zustimmung als erteilt.

§ 11 Verschwiegenheitspflicht

Herr/Frau ... verpflichtet sich, über alle vertraulichen betrieblichen Angelegenheiten, die ihm/ihr im Rahmen seines/ihres Arbeitsverhältnisses zur Kenntnis gelangen, auch nach dem Ausscheiden aus dem Arbeitsverhältnis Stillschweigen zu bewahren.

§ 12 Eingebrachte Sachen

Der Arbeitgeber haftet Herrn/Frau ... gegenüber für Schäden an dessen/deren eingebrachten Sachen oder für den Verlust der Sachen nur dann, wenn der Schaden oder der Verlust auf Vorsatz oder grober Fahrlässigkeit des Arbeitgebers beruht.

§ 13 Vertragsstrafe

*Für den Fall der vertragswidrigen und schuldhaften Nichtauf-
nahme der Tätigkeit oder der vertragswidrigen Beendigung des
Arbeitsverhältnisses verpflichtet sich Herr/Frau ..., eine Vertragsstrafe in Höhe von ... DM zu zahlen.*

§ 13 Ausschlussfrist

*(1) Sämtliche Ansprüche aus dem Arbeitsverhältnis erlöschen,
wenn sie nicht innerhalb von ... Monaten nach der Fälligkeit
gegenüber der anderen Vertragspartei schriftlich geltend gemacht werden.*

*(2) Lehnt die Gegenseite den Anspruch ab, so verfällt dieser,
wenn er nicht innerhalb von ... Monaten nach der Ablehnung
gerichtlich geltend gemacht wird. Diese Regelung gilt entsprechend, wenn sich die Gegenpartei nicht innerhalb von ... Wochen zu dem geltend gemachten Anspruch erklärt. Die Klagefrist beginnt mit Ablauf der Erklärungsfrist von ... Wochen.*

§ 15 Nebenabreden/Vertragsänderungen

Mündliche Nebenabreden bestehen nicht. Ergänzungen und
Änderungen des Vertrags bedürfen der Schriftform.

§ 16 Salvatorische Klausel

Sollten eine oder mehrere Bestimmungen dieses Vertrags unwirksam sein oder werden, wird hierdurch die Wirksamkeit
der übrigen Bestimmungen nicht berührt.

Befristeter Arbeitsvertrag

Zwischen

....

– Arbeitgeber –

und
Frau/Herrn   ....

– Arbeitnehmer/in –

wird folgender Arbeitsvertrag geschlossen:

a) aus sachlichem Grund

§ 1 Beginn und Ende des Arbeitsverhältnisses

(1) Herr/Frau ... wird von ... bis ... als ... eingestellt. Das Arbeitsverhältnis endet nach Ablauf der Frist, ohne dass es einer Kündigung bedarf.

(2) Das Arbeitsverhältnis wird aus folgendem Grund befristet:
...

(3) Die ersten drei Monate gelten als Probezeit. Das Arbeitsverhältnis kann während der Probezeit mit einer Frist von zwei Wochen gekündigt werden.

oder

b) nach dem Beschäftigungsförderungsgesetz

§ 1 Beginn und Ende des Arbeitsverhältnisses

(1) Herr/Frau ... wird von ... bis ... (höchstens zwei Jahre) als ... eingestellt. Die Einstellung erfolgt nach § 1 BeschfG.

Das Arbeitsverhältnis endet nach Ablauf der Frist, ohne dass es einer Kündigung bedarf.

(2) Die ersten drei Monate gelten als Probezeit. Das Arbeitsverhältnis kann während der Probezeit mit einer Frist von zwei Wochen gekündigt werden.

Gemeinsame Regelungen

§ 2 Kündigung

Während der Dauer der Befristung können beide Seiten das Arbeitsverhältnis unter Einhaltung einer Frist von ... kündigen.

§ 3 Tätigkeit/Arbeitsort

(1) Der Aufgabenbereich ergibt sich aus der diesem Vertrag als Anlage 1 beigefügten Stellenbeschreibung, die Bestandteil dieses Vertrags ist.

(2) Der Arbeitgeber behält sich vor, Herrn/Frau ... eine andere zumutbare Tätigkeit zuzuweisen, die seinen/ihren Vorkenntnissen entspricht. Macht er hiervon Gebrauch, ist die bisherige Vergütung weiterzubezahlen.

(3) Arbeitsort ist ...

Der Arbeitgeber ist berechtigt, Herrn/Frau ... an wechselnden Standorten einzusetzen.

§ 4 Arbeitszeit/Überstunden und Mehrarbeit

(1) Die regelmäßige wöchentliche Arbeitszeit beträgt ohne Berücksichtigung der Pausen ... Stunden.

(2) Der Arbeitsbeginn ist auf ... Uhr festgelegt, das Arbeitsende auf ... Uhr.

oder

(2) Beginn und Ende der täglichen Arbeitszeit richten sich nach der Übung des Betriebs oder der mit dem Betriebsrat geschlossenen Vereinbarung.

(3) Herr/Frau ... ist verpflichtet, Überstunden und Mehrarbeit im Rahmen des gesetzlich Zulässigen zu leisten.

§ 5 Vergütung

(1) Herr/Frau ... erhält eine monatliche Bruttovergütung von ... DM. Das Entgelt ist jeweils am Letzten eines Monats zur Zahlung fällig.

(2) Herr/Frau ... erhält für jede Über- oder Mehrarbeitsstunde die vereinbarte Stundenvergütung zuzüglich eines Zuschlags von 25 %.

(3) Die Zahlung der Vergütung erfolgt bargeldlos. Herr/Frau ... ist verpflichtet, ein Konto zu unterhalten und dem Arbeitgeber innerhalb von zehn Tagen nach Beginn des Arbeitsverhältnisses die Kontonummer mitzuteilen.

§ 6 Lohn-/Gehaltsabtretung bzw. -verpfändung

(1) Herr/Frau ... darf Ihre Vergütungsansprüche weder abtreten noch verpfänden.

(2) Herr/Frau ... trägt die Kosten, die dem Arbeitgeber durch Lohn-/Gehaltspfändungen oder Abtretungen entstehen.

Die Kosten sind pauschaliert und betragen für jede zu berechnende Pfändung oder Abtretung ... DM und pro erforderlicher Überweisung ... DM. Bei nachweislich höheren tatsächlichen Kosten ist der Arbeitgeber berechtigt, diese in Ansatz zu bringen.

§ 7 Urlaub

(1) Herr/Frau erhält pro Kalenderjahr einen Erholungsurlaub von ... Arbeitstagen/*Werktagen.*

oder

(1) Der Erholungsurlaub richtet sich nach dem Bundesurlaubsgesetz.

(2) Im Übrigen gelten die gesetzlichen Bestimmungen

§ 8 Arbeitsverhinderung

(1) Herr/Frau ... ist verpflichtet, dem Arbeitgeber jede Arbeitsverhinderung und deren voraussichtliche Dauer unverzüglich anzuzeigen.

(2) Im Falle krankheitsbedingter Arbeitsunfähigkeit hat Herr/Frau ... vor Ablauf des dritten Kalendertages nach deren

Beginn eine ärztliche Bescheinigung über das Bestehen der Arbeitsunfähigkeit sowie deren voraussichtliche Dauer vorzulegen. Dauert die Arbeitsunfähigkeit länger als in der Bescheinigung angegeben, ist Herr/Frau ... verpflichtet, innerhalb von drei Tagen eine neue ärztliche Bescheinigung vorzulegen.

§ 9 Lohn-/Gehaltsfortzahlung im Krankheitsfall

Ist Herr/Frau ... infolge unverschuldeter Erkrankung an der Arbeitsleistung verhindert, erhält er/sie die vertraglichen Bezüge für die Dauer von sechs Wochen weiter.

oder

Ist Herr/Frau ... infolge unverschuldeter Erkrankung an der Arbeitsleistung verhindert, erhält er/sie Lohn-/Gehaltsfortzahlung für die Dauer von sechs Wochen nach Maßgabe des Entgeltfortzahlungsgesetzes in seiner jeweiligen Fassung.

§ 10 Nebenbeschäftigung

(1) Herr/Frau ... darf eine Nebenbeschäftigung nur mit ausdrücklicher Zustimmung des Arbeitgebers übernehmen.

(2) Die Zustimmung ist zu erteilen, wenn die Nebentätigkeit die vertraglich geschuldete Leistung nicht beeinträchtigt, sich die Gesamtarbeitszeit im Rahmen des Arbeitszeitgesetzes hält und die Tätigkeit nicht für ein Konkurrenzunternehmen ausgeübt wird.

(3) Der Arbeitgeber hat über den Antrag auf Zustimmung zur Nebentätigkeit innerhalb einer Frist von zwei Wochen ab Antragstellung zu entscheiden. Ergeht innerhalb dieser Frist keine Entscheidung, gilt die Zustimmung als erteilt.

§ 11 Verschwiegenheitspflicht

Herr/Frau ... verpflichtet sich, über alle vertraulichen betrieblichen Angelegenheiten, die ihm/ihr im Rahmen ihres Arbeitsverhältnisses zur Kenntnis gelangen, auch nach dem Ausscheiden aus dem Arbeitsverhältnis Stillschweigen zu bewahren.

§ 12 Vertragsstrafe

Für den Fall der vertragswidrigen und schuldhaften Nichtaufnahme der Tätigkeit oder der vertragswidrigen Beendigung des Arbeitsverhältnisses verpflichtet sich Herr/Frau ...., eine Vertragsstrafe in Höhe von ... DM zu zahlen.

§ 13 Ausschlussfrist

(1) Sämtliche Ansprüche aus dem Arbeitsverhältnis erlöschen, wenn sie nicht innerhalb von ... Monaten nach der Fälligkeit gegenüber der anderen Vertragspartei schriftlich geltend gemacht werden.

(2) Lehnt die Gegenseite den Anspruch ab, so verfällt dieser, wenn er nicht innerhalb von ... Monaten nach der Ablehnung gerichtlich geltend gemacht wird. Diese Regelung gilt entsprechend, wenn sich die Gegenpartei nicht innerhalb von ... Wo-

chen zu dem geltend gemachten Anspruch erklärt. Die Klagefrist beginnt mit Ablauf der Erklärungsfrist von ... Wochen.

§ 15 Nebenabreden/Vertragsänderungen

Mündliche Nebenabreden bestehen nicht. Ergänzungen und Änderungen des Vertrags bedürfen der Schriftform.

§ 16 Salvatorische Klausel

Sollten eine oder mehrere Bestimmungen dieses Vertrags unwirksam sein oder werden, wird hierdurch die Wirksamkeit der übrigen Bestimmungen nicht berührt.

Teilzeitarbeitsvertrag

Zwischen

....

– Arbeitgeber –

und
Frau/Herrn   ....

– Arbeitnehmer/in –

wird folgender Teilzeitarbeitsvertrag geschlossen:

§ 1 Beginn des Arbeitsverhältnisses

(1) Das Arbeitsverhältnis beginnt am ...

Vor Beginn des Arbeitsverhältnisses ist die Kündigung ausgeschlossen.

(2) Die ersten drei Monate gelten als Probezeit. Das Arbeitsverhältnis kann während der Probezeit mit einer Frist von zwei Wochen gekündigt werden.

§ 2 Tätigkeit/Arbeitsort

(1) Der Aufgabenbereich ergibt sich aus der diesem Vertrag als Anlage 1 beigefügten Stellenbeschreibung, die Bestandteil dieses Vertrags ist.

(2) Der Arbeitgeber behält sich vor, Herrn/Frau ... eine andere zumutbare Tätigkeit zuzuweisen, die seinen/ihren Vorkenntnissen entspricht. Macht er hiervon Gebrauch, ist die bisherige Vergütung weiterzubezahlen.

(3) Arbeitsort ist ...

Der Arbeitgeber ist berechtigt, Herrn/Frau ... an wechselnden-Standorten einzusetzen.

§ 3 Arbeitszeit/Überstunden und Mehrarbeit

(1) Die regelmäßige wöchentliche Arbeitszeit beträgt ohne Berücksichtigung der Pausen ... Stunden an ... Arbeitstagen.

(2) Beginn und Ende der täglichen Arbeitszeit sowie der Pausen werden vom Arbeitgeber festgelegt.

(3) Herr/Frau ... ist verpflichtet, bei dringenden betrieblichen Erfordernissen Überstunden zu leisten.

§ 4 Vergütung

(1) Herr/Frau ... erhält eine monatliche Bruttovergütung von ... DM. Das Entgelt ist jeweils am Letzten eines Monats zur Zahlung fällig.

(2) Herr/Frau ... erhält für jede Überstunde die vereinbarte Stundenvergütung zuzüglich eines Zuschlags von 25 %.

(3) Die Zahlung der Vergütung erfolgt bargeldlos. Herr/Frau ... ist verpflichtet, ein Konto zu unterhalten und dem Arbeitgeber innerhalb von zehn Tagen nach Beginn des Arbeitsverhältnisses die Kontonummer mitzuteilen.

§ 5 Lohn-/Gehaltsabtretung bzw. –verpfändung
(1) Herr/Frau ... darf seine/ihre Lohn-/Gehaltsansprüche weder abtreten noch verpfänden.

(2) Herr/Frau ... trägt die Kosten, die dem Arbeitgeber durch Lohn-/Gehaltspfändungen oder Abtretungen entstehen.

Die Kosten sind pauschaliert und betragen für jede zu berechnende Pfändung oder Abtretung ... DM und pro erforderliche Überweisung ... DM. Bei nachweislich höheren tatsächlichen Kosten ist der Arbeitgeber berechtigt, diese in Ansatz zu bringen.

§ 6 Urlaub

(1) Herr/Frau erhält pro Kalenderjahr einen Erholungsurlaub von ... Arbeitstagen/*Werktagen.*

oder

(1) Der Erholungsurlaub richtet sich nach dem Bundesurlaubsgesetz.

(2) Im Übrigen gelten die gesetzlichen Bestimmungen

§ 7 Arbeitsverhinderung

(1) Herr/Frau ... ist verpflichtet, dem Arbeitgeber jede Arbeitsverhinderung und deren voraussichtliche Dauer unverzüglich anzuzeigen.

(2) Im Falle krankheitsbedingter Arbeitsunfähigkeit hat Herr/Frau ... vor Ablauf des dritten Kalendertages nach deren Beginn eine ärztliche Bescheinigung über das Bestehen der Arbeitsunfähigkeit sowie deren voraussichtliche Dauer vorzulegen. Dauert die Arbeitsunfähigkeit länger als in der Be-

scheinigung angegeben, ist Herr/Frau ... verpflichtet, innerhalb von drei Tagen eine neue ärztliche Bescheinigung vorzulegen.

§ 8 Lohn-/Gehaltsfortzahlung im Krankheitsfall

Ist Herr/Frau ... infolge unverschuldeter Erkrankung an der Arbeitsleistung verhindert, erhält er/sie die vertraglichen Bezüge für die Dauer von sechs Wochen weiter.

oder

Ist Herr/Frau ... infolge unverschuldeter Erkrankung an der Arbeitsleistung verhindert, erhält er/sie Lohn-/Gehaltsfortzahlung für die Dauer von sechs Wochen nach Maßgabe des Entgeltfortzahlungsgesetzes in seiner jeweiligen Fassung.

§ 9 Verschwiegenheitspflicht

Herr/Frau ... verpflichtet sich, über alle vertraulichen betrieblichen Angelegenheiten, die ihm/ihr im Rahmen seines/ihres Arbeitsverhältnisses zur Kenntnis gelangen, auch nach dem Ausscheiden aus dem Arbeitsverhältnis Stillschweigen zu bewahren.

§ 10 Vertragsstrafe

Für den Fall der vertragswidrigen und schuldhaften Nichtaufnahme der Tätigkeit oder der vertragswidrigen Beendigung des Arbeitsverhältnisses verpflichtet sich Herr/Frau ..., eine Vertragsstrafe in Höhe von ... DM zu zahlen.

§ 11 Ausschlussfrist

(1) Sämtliche Ansprüche aus dem Arbeitsverhältnis erlöschen, wenn sie nicht innerhalb von ... Monaten nach der Fälligkeit gegenüber der anderen Vertragspartei schriftlich geltend gemacht werden.

(2) Lehnt die Gegenseite den Anspruch ab, so verfällt dieser, wenn er nicht innerhalb von ... Monaten nach der Ablehnung gerichtlich geltend gemacht wird. Diese Regelung gilt entsprechend, wenn sich die Gegenpartei nicht innerhalb von ... Wochen zu dem geltend gemachten Anspruch erklärt. Die Klagefrist beginnt mit Ablauf der Erklärungsfrist von ... Wochen.

§ 12 Nebenabreden/Vertragsänderungen

Mündliche Nebenabreden bestehen nicht. Ergänzungen und Änderungen des Vertrags bedürfen der Schriftform.

§ 13 Salvatorische Klausel

Sollten eine oder mehrere Bestimmungen dieses Vertrags unwirksam sein oder werden, wird hierdurch die Wirksamkeit der übrigen Bestimmungen nicht berührt.

Niederschrift nach dem Nachweisgesetz

Zwischen

....

– Arbeitgeber –

und

Frau/Herrn   ....

– Arbeitnehmer/in –

besteht ein Arbeitsverhältnis mit folgenden Vertragsbedingungen:

§ 1 Beginn des Arbeitsverhältnisses

Das Arbeitsverhältnis ist unbefristet und besteht seit dem ...

oder

Das Arbeitsverhältnis ist befristet bis zum ...

§ 2 Arbeitsort

Arbeitsort ist ...

§ 3 Tätigkeit

Herr/Frau ... wurde eingestellt als ... und führt im Einzelnen folgende Tätigkeiten aus: ...

§ 4 Arbeitsentgelt

Herr/Frau ... erhält eine monatliche Bruttovergütung in Höhe von ... DM.

§ 6 Arbeitszeit

Die regelmäßige wöchentliche Arbeitszeit beträgt ohne Berücksichtigung der Pausen ... Stunden.

§ 7 Urlaub

Herr/Frau ... erhält einen jährlichen Erholungsurlaub von ... Werktagen/Arbeitstagen.

§ 8 Kündigungsfristen

Es gelten die gesetzlichen Kündigungsfristen.

§ 9 Tarifverträge, Betriebs- oder Dienstvereinbarungen

Auf das Arbeitsverhältnis finden folgender Tarifvertrag und/ oder folgende Betriebs- oder Dienstvereinbarung Anwendung: ...

Stichwortverzeichnis